人的資本経営まるわかり

PHP
Business Shinsho

Takashi Iwamoto
岩本 隆

PHPビジネス新書

はじめに――「人的資本経営」の全体像をつかむ

近年、「人的資本」、あるいは「人的資本経営」「人的資本開示」といった言葉をよく目にする。

でも、「人を大切にする経営」というようなイメージがあるだけで、実際にどのようなものか、いまひとつわからない。

あるいは、この手法を取り入れた場合、実際に仕事を進めていく中でどのような変化があるか、まったく想像がつかない――。

本書を手に取った読者の方は、今、こんな疑問を抱いているのではないでしょうか。

そもそも「人的資本」という言葉は、英語のHuman Capital（ヒューマンキャピタル）を日本語に訳した言葉です。

18世紀、「近代経済学の父」と呼ばれるアダム・スミスは、道具や器具、建物、土地とともに固定資本の一つとして、「人的資本」を挙げました。スミスによれば、人的資本とは「人生経験によって育まれるスキル、器用さ、判断力」を指します。

それが転じて、現代における人的資本とは、「個人が持つ知識、技能、能力、資質など、付加価値の源泉となりえる資本」を指す言葉として、特に近年、経営やビジネスの場で使われるようになっています。

「人的資本経営」は、この人的資本に、経営（Management：マネジメント）という言葉を加えた Human Capital Management（ヒューマンキャピタルマネジメント）を日本語に訳した言葉です。

企業活動において付加価値の源泉となる「人的資本」に積極的に投資し、企業価値を向上させる経営、それが人的資本経営です。

ただ、この話だけを聞いても、冒頭で示した例のように、具体的な変化などは想像しづらいでしょう。「人を大切にしましょう」という当たり前のことをいっているだけで、何が特段重要なのかも、わかりづらい。

しかし、人的資本経営は、これからの会社のあり方はもちろん、仕事のやり方もガラリと変えてしまうほどのインパクトをもったムーブメントなのです。人的資本経営の概念を知らずには、これからの仕事は進められない、といっても過言ではありません。

そこで、まったく前提知識がない人でも「人的資本経営のポイントがざっくりわかる一冊」を目指して、本書を執筆しました。

人的資本経営に関する書籍は多く出版されていますが、そのどれもが専門性が高く、前提知識が必要なものばかりです。本書では、そうした前提知識がなくても要点がつかめるように、人的資本経営の「幹の部分」だけをピックアップし、解説しています。

したがって、本書を読めば、人的資本経営に関する全体像をつかむことができるはずです。そうして概要をざっくりつかんだ後は、より詳しく知りたい分野についての専門書などを読むことをおすすめします。

人的資本経営を生んだ「HRテクノロジー」の隆盛

筆者は2012年6月から2022年3月まで慶應義塾大学大学院経営管理研究科の特任教授として、民間企業から集めた研究資金で雇用されて、経営学の研究を行ってきました。いわば、経営学版産学連携の活動です。

この産学連携による経営学の研究活動において、筆者が最初に複数の民間企業から委託を受けた研究が人材マネジメントの研究でした。２０１３年に人事のデータ分析による研究を行ったのをきっかけに、人事領域でのデータ分析による研究の委託が急増しました。

人事データを分析して経営学の研究をすること自体は珍しいことではないのですが、長年、勘と経験による人材マネジメントを行ってきた日本企業にとっては、人事データを分析して行う定量的・体系的な人材マネジメントを珍しく感じていただいたのだと思います。

人材マネジメント領域での研究依頼が増え、さまざまな企業と交流する中で、海外では、人材マネジメント領域でのデータ活用が進んでいることや、ＨＲ（Human Resources）にテクノロジーを掛け合わせた「ＨＲテクノロジー」のイベントが大盛況なのを知りました。

一方、日本では、２０１５年の3月頃までは日本語で「ＨＲテクノロジー」という言葉をインターネットで検索してみても、一切情報が出てきませんでした。

この状況を見て、「ＨＲテクノロジー」は遅かれ早かれ日本でも流行ると思い、それならこの言葉をいち早く発信しようと、２０１５年4月24日に慶應義塾大学日吉キャンパスで「ＨＲテクノロジーシンポジウム」を開催し、日本で初めて「ＨＲテクノロジー」という言葉を発信しました。

この仕掛けが見事に当たり、「ＨＲテクノロジー」という言葉が、日本でも流行りはじめました。さらに、このムーブメントが経済産業省の産業人材政策室（当時）の目に留まり、生産性を高めるための働き方改革「働き方改革２・０」の政策にＨＲテクノロジーの活用を盛り込むこととなりました。その後、政策的な働きかけによって日本国内のＨＲテクノロジー市場が急成長し始め、今に至っています。

後ほど本文（第1章）でも触れますが、人的資本経営はＨＲテクノロジーの発達と非常に深い関係があります。ＨＲテクノロジーの発達によって得られたデータを分析・活用することが、勘や経験に頼らないマネジメントにつながるからです。

実際、ＨＲテクノロジーの情報通信システムのツールは、世界では「ＨＣＭアプリケーション」と呼ばれています。ＨＣＭはHuman Capital Managementの略で、漢字にすると「人的資本経営」ということになります。

そのような背景もあり、２０２０年後半~２０２１年ごろから、人的資本経営という言葉が流行り始めるとともに、筆者のところにも人的資本経営についての講演や経営相談が急増しています。

こうして、筆者が十数年にわたって民間企業各社と取り組んだ研究から得た知識を、本書では可能な限りわかりやすくして、網羅的に解説していきます。

本書の概要

最後に、本書の概要について述べておきます。

第1章では、「なぜ今、人的資本経営が注目されるのか?」についてお話しします。主に3つの理由――「1. 持続的な企業価値の向上につながるから」「2. 無形資産への注目」「3. HRテクノロジーの隆盛」を軸に、人的資本経営とは何かを平易に解説していきます。

第2章では、各企業が人的資本経営にどれだけ取り組んでいるかを示す活動である「人的資本開示」についてお話しします。

定義はもちろんのこと、その基準であるISOのメトリックなど、各項目の詳細についても述べていきます。

第3章では、人的資本経営に関する「誤解」を正していきます。

「開示義務化に形だけ対応すればいい」「儲けてなんぼ、という本音は変わらない」など、真に効果的な人的資本経営の実現を阻む「あるある事例」について述べます。

第4章では、人的資本経営において、「結局、何をすればいいのか」について、経営者・人事部視点、管理職・マネジャー視点、従業員の視点から、それぞれお話ししていきます。

第5章では、人的資本経営の現状について、海外企業と日本企業の事例を紹介します。人的資本経営は海外企業のほうが日本企業よりも進んでいますが、日本企業の中でも先進的事例はいくつもあります。数ある事例の中から、特に注目すべきものをピックアップし、解説していきます。

人的資本経営を軌道に乗せるためには、経営者だけでなく、人事部門、管理職・マネジャー、従業員それぞれが、根本から意識を変えて取り組むことが重要です。それぞれの立場の方々に対して、何らかのヒントになる視点や知識が提供できれば幸甚です。

人的資本経営　まるわかり

目次

第1章 人的資本経営とは何か

第3章 人的資本経営の落とし穴——表面的な理解では、逆効果にもなる

第4章 人的資本経営の実践——結局、何をすればいい？

第5章 人的資本経営の現状――海外企業と日本企業

図版作成：WELL PLANNING（赤石眞美）

第1章

人的資本経営とは何か

なぜ今、人的資本経営が注目されるのか？

「はじめに」で述べたように、人的資本という言葉は、もともと近代経済学の父と呼ばれるアダム・スミスが18世紀に提唱した概念です。

その後、1954年にW・アーサー・ルイス（イギリスの経済学者、ノーベル経済学賞受賞）が書いた論文「無制限の労働力供給による経済発展」（"Economic Development with Unlimited Supplies of Labour"）の中でも、人的資本という言葉が登場します。

なお、人的資本という言葉が使われ始めた当初は「不評」だったようですが、アーサー・セシル・ピグー（イギリスの経済学者、元ケンブリッジ大学教授）が「物的資本と同様、人的資本への投資も重要だ」と述べたことで注目されるようになりました。その後、1958年には近代労働経済学の父といわれるジェイコブ・ミンサーが「人的資本と所得分布への投資」という論文を発表するなど、登場の場が増えていきます。

人的資本について、ミンサーと並んでよく知られているのが、ゲーリー・ベッカー（アメリカの経済学者、ノーベル経済学賞受賞）です。ベッカーは人的資本について、次のような特徴があると述べました。

- 工場と同じ「物理的な生産手段」であり、訓練や教育などの形で投資可能である
- 人の生産能力は、労働への見返りの速度に依存する。したがって、人的資本は生産の手段であり、追加出資は追加出力をもたらす
- 人的資本は、代理が可能であるものの、土地や労働、固定資本のように移転可能ではない

このように、人的資本という言葉自体は、20世紀からさまざまな学者によって使われていました。しかし、21世紀の今になって、なぜこれほど注目を集めているのか、それには大きく分けて、次の３つの理由があります。

1. 持続的な企業価値の向上につながるから
2. 無形資産への注目
3. ＨＲテクノロジーの隆盛

本章では、この3つの理由について、順にお話ししていきたいと思います。

人的資本経営が注目される理由 1

持続的な企業価値の向上につながるから

――人材を資源ではなく、資本と捉える

人的資本経営では、人材を資源（Resources）ではなく、資本（Capital）と捉えて経営を行います。資源は消費してなくなっていくものですが、資本は投資をして価値を高めるものです。ここに人的資本経営の特徴があります。

従来、人材は「費用＝コスト」と見なされていました。人件費という言葉がまさにそうです。企業の人件費や研修費などは、会社の利益を押し下げる「コスト」として会計上、処理されてきたのです。

しかし、人的資本経営ではそれを資本と捉え、投資を行うことで資産とし、その価値の最大化を目指します。人材という資本に投資を行い、リターンを生み出すというのが人的

資本経営の基本です。

人的資本経営では、人事担当者が人材への投資がどのくらいのリターンに結びついているかを測定し、経営者が経営判断することになります。

人的資本の特徴として、工場などの有形資本とは異なり、人的資本を構成する知識（Knowledge）は拡大することが可能で、利用することにより自ら発展していくことが挙げられます。なおかつ、移動可能で共有可能なのも特徴です。

このことはつまり、人的資本経営が上手な企業は、持続的に企業価値を向上させることが可能で、逆にそれが下手な企業は、資源のように人材を消費していくだけで、長期的な成長が見込めないということになります。

こういった視点で人材を捉え直し、企業価値に正しく反映させようという理由から、人的資本経営は注目を集めています。

こうした動きは政府も重視しています。令和4年1月17日に行われた「第２０８回　国会における岸田内閣総理大臣施政方針演説」の中で、岸田首相は次のように述べています。


第二に、「人への投資」の抜本強化です。

資本主義は多くの資本で成り立っていますが、モノからコトへと進む時代、付加価値の源泉は、創意工夫や、新しいアイデアを生み出す「人的資本」、「人」です。

しかし、我が国の人への投資は、他国に比して大きく後塵を拝しています。

今後、官民の人への投資を、早期に、少なくとも倍増し、さらにその上を目指していくことで、企業の持続的価値創造と、賃上げを両立させていきます。

スキル向上、再教育の充実、副業の活用といった人的投資の充実が、デジタル社会、炭素中立社会への変革を円滑に進めるための鍵です。

世界が、産業界が、地域が必要とする、人材像やスキルについて、現場の声を丁寧に聞き、明確化した上で、海外の先進事例からも学び、公的職業訓練の在り方をゼロベースで見直します。

人的投資が、企業の持続的な価値創造の基盤であるという点について、株主と共通の理解を作っていくため、今年中に非財務情報の開示ルールを策定します。

あわせて、四半期開示の見直しを行います。

（第２０８回　国会における岸田内閣総理大臣施政方針演説）

このように岸田内閣が掲げる「人への投資」の影響もあり、これだけの注目を集めているのです。

人材マネジメントにＲＯＩの考え方を導入する

では、実際に人材を「資源＝人件費やコスト」と捉えるのではなく、資本と捉えるというのはどういうことか、詳しく説明したいと思います。

人的資本の価値を測定するための研究は、実は１９７０年代から行われていました。その代表格であるジャック・フィッツエンツは２０００年5月に『人的資本のＲＯＩ』（原題：*The ROI of Human Capital*）という書籍を出版しています。ここには、人材マネジメントのさまざまな領域におけるＲＯＩ（Return On Investment：投資利益率）を測定するための計算式が示されています。

以下、ＲＯＩなどの専門用語の詳しい説明も含めて、会計視点から人的資本経営の概念を解説します。ただし、事前知識などがなくても理解できるように説明しますので、少々お付き合いください。

図表1-1 **貸借対照表における有形資本の流れ**

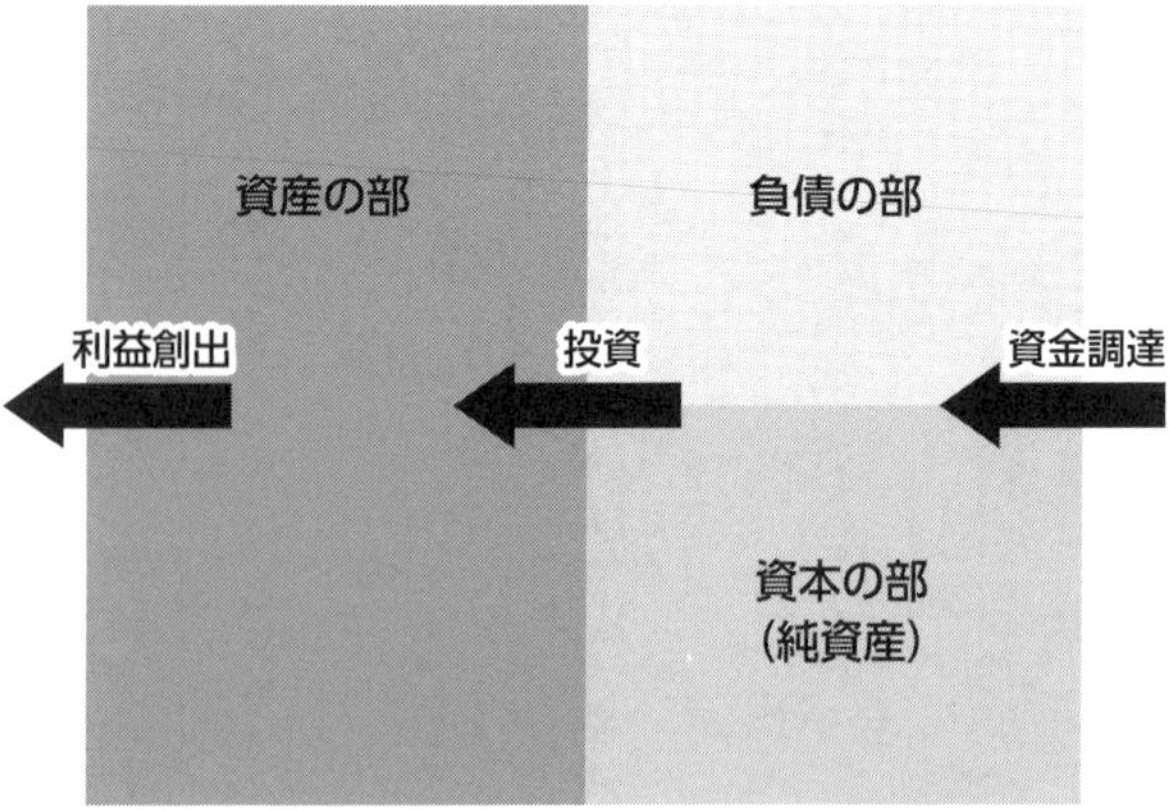

図表1－1は貸借対照表（バランスシート）における有形資本の流れを示したものです。

貸借対照表とは、ある時点における企業の財務状況を表した財務諸表（決算書）です。通常、左側に資産を、右側に負債と資本（純資産）を示します。これによって、企業が保有する資産などの内訳を確認し、企業の将来性や経営リスクなどを判断します。

有形資産には、現金、証券、預金、建造物、オフィス商品、在庫品、機械設備、原材料などがあります。

図表1－1のように、会計上は、これらの有形資産を作る際に、資金を借り入れる、または資本として外部から調達し、調達した資金を投資すると考えます。その後、これら有

形資産を活用して事業活動を行い、利益を創出するという考え方です。

したがって、有形資産に関する活動は、すべて貸借対照表に記録されているはずです。つまり貸借対照表を読み解くことで、その企業の実力を完全に把握できる、と考えていたわけです。

しかし、人的資本経営では、人的資本の流れは図表1－2に示すような形になります。貸借対照表には直接載らない、「無形資本の部」と「無形資産の部」があると仮定し、人材を労働市場から調達し、人的資本に投資をして資産化し、人的資産を活用してさらなる利益を創出する、というものです。

こうした利益創出の流れは、従来の貸借対照表に表すことはできません。なぜなら、人件費などの「経費」は、貸借対照表が扱う資産（お金・モノ・権利）のどれにも当てはまらないからです。

また、人的資本が有形資本と異なる点として、利益率の上下幅が大きくなることが挙げられます。

有形資本の場合、資産になるのは投資した分だけです。それ以上でもそれ以下でもありません。一方、人的資本の場合には、うまくいけば投資分以上の資産価値を作ることがで

図表1-2 人的資本の流れ

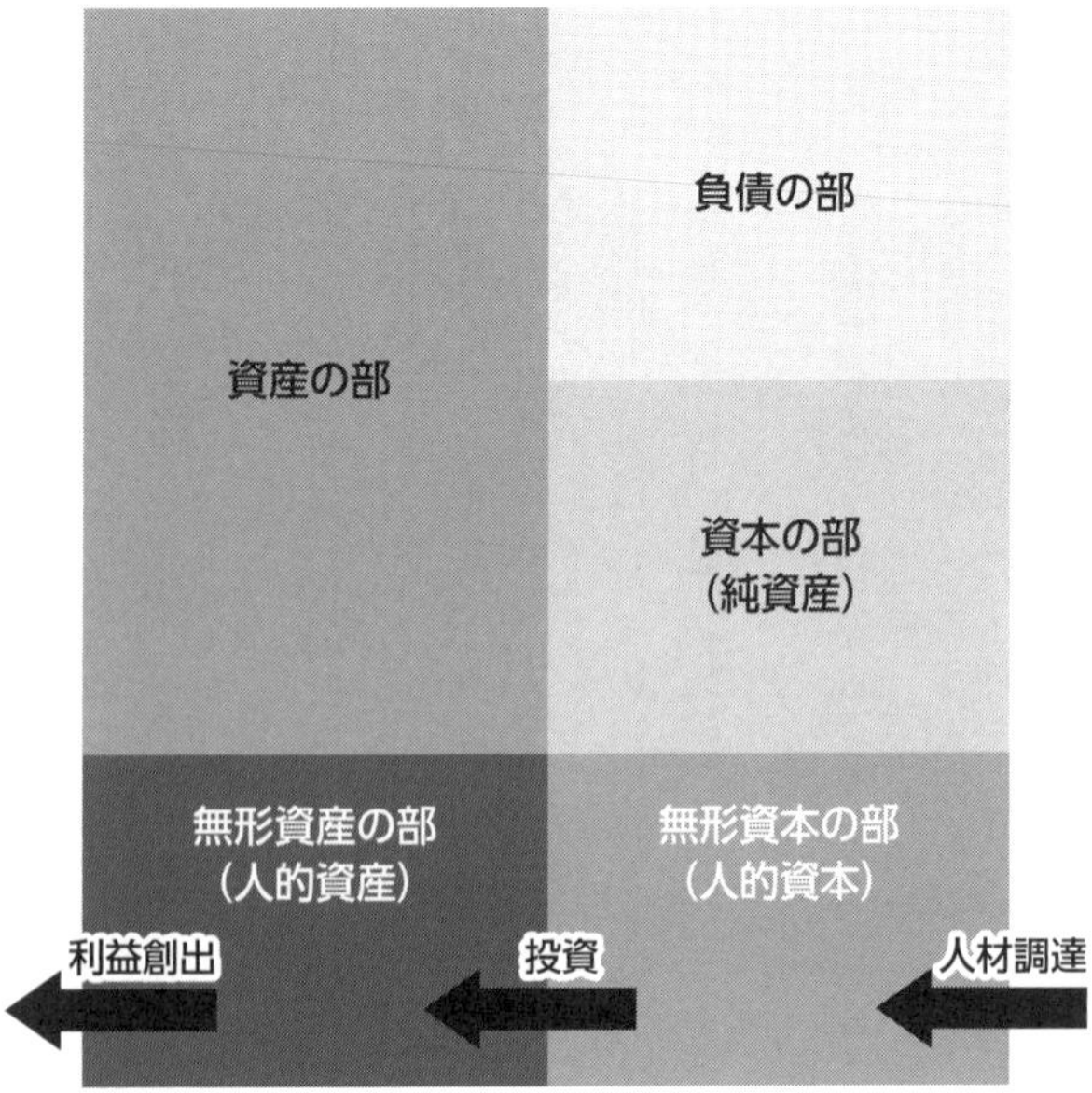

きます。しかし、下手をすると投資分以下の資産価値になってしまいます。

「資産が変数化している」ところが、有形資産と比べて難しいところだといえます。

図表1−3に、ここまでお話ししてきた人的資本経営の基本的な考え方をまとめました。

人材を資源として捉える現状の財務諸表上では、人材への投資分は図表1−3の左側のように経費として計上されてしまいます（＝貸借対照表

図表1-3 人的資本経営の基本的な考え方

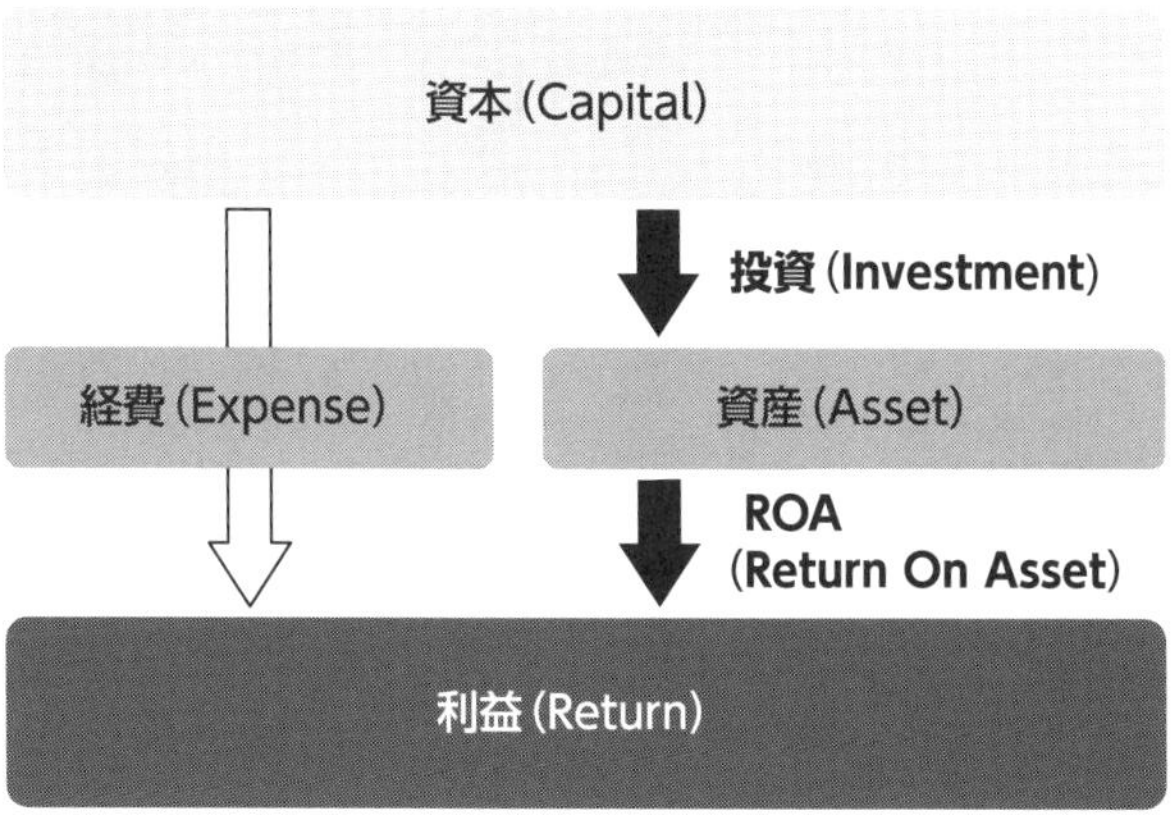

に記載されない）。

これは言い換えると、利益を圧迫する要因とも考えられ、「より少なくすることがよい」という考え方につながってしまいます。

しかし、人的資本経営上では、人材に投資をして資産化し、資産を活用して利益を創出すると考えます。

これは、資産から利益という点ではＲＯＡ（Return On Asset：総資産利益率）ということになります。ＲＯＡとは、資産を使って、どれだけの利益を出したかを示した指標です。

また、投資から利益という点ではＲＯＩ（Return On Investment：投資利益率）ということになります。ＲＯＩとは、投資した費用を使って、どれだけの利益を出したかを示した指標です。

つまり、人材（人的資本）にどれだけの投資を行って資産を増やしたか、その資産がどれだけの利益につながったかを見ていく経営が、人的資本経営なのです。

まとめると、人材マネジメントにＲＯＩの考え方を導入することが人的資本経営の基本的な考え方といえるのです。

人的資本経営は「アセット積み上げ型のビジネスモデル」である

人的資本への投資については、さまざまなものが考えられます。

一番大きな投資は「人件費」ということになるでしょうが、人件費の中にも、給与、報酬、社会保険、福利厚生などさまざまな種類があります。

また、人材育成への投資、人材採用への投資、人材の離職率を下げるための投資、従業員エンゲージメントを高めるための投資、従業員の健康やウェルビーイングを高めるための投資、ダイバーシティを推進するための投資、コンプライアンス意識を高めるための投資など、さまざまなものが考えられます。

こうした、さまざまある人的資本への投資において、企業として、優先順位をどうつけ、どこにどのように投資をしていくべきかを、ＲＯＩで測りながら経営判断していくということが、人的資本経営の要諦となります。

ちなみに、筆者は慶應義塾大学に移る前は株式会社ドリームインキュベータというプロフェッショナルファームで働いていましたが、このＲＯＩの考え方は社内で徹底していました。

プロフェッショナルとは、「自分自身を商品として金を稼げる人」ということであり、プロフェッショナルファームはプロフェッショナルという商品の集合体です。法律事務所、会計事務所、コンサルティングファームなどがプロフェッショナルファームに当たります。芸能事務所やプロスポーツなどもある意味プロフェッショナルファームといえるでしょう。

プロフェッショナルファームでは、人件費は給与・報酬を約2倍にした額で考え、その金額に対していくらの売上を立てたかが常にチェックされます。ここで約2倍とするのは、オフィスのコスト等のオーバーヘッド（間接費）が入るためであり、給与・報酬の約2倍が一人ひとりのプロフェッショナルにかかるコストということになります。

給与・報酬の約2倍の売上の貢献ができるまでは、ＲＯＩはマイナスと評価されます。それを超えると、そのタイミングでのＲＯＩはプラスになりますが、それまでにかかったマイナス分を回収するまでは、会社に対しては「貸し」の状態が続きます。

そして、マイナス分を回収後、人件費を超える売上を立てて、ファームに利益をもたらすようになって初めて、ＲＯＩはプラスになったとみなされます。そしてＲＯＩが高まれば高まるだけ、報酬が増えていきます。

また、筆者がドリームインキュベータに在籍していた頃は、スタートアップ企業の経営支援を事業として行っていましたが、スタートアップ企業の成長性を評価する際によく「アセット（資産）積み上げ型のビジネスモデルになっているかどうか」という議論を侃々諤々《かんかんがくがく》と行っていました。

日本企業が過去強かった製造業では、ビジネスをすればするほど他社に真似されてしまうということが起きて、結果的に韓国、台湾、中国などのアジアの他の国々にビジネスが流出しました。

そうではなくて、ビジネスをすればするほどアセットが積み上がって競合他社が追い付けない状況になることを「アセット積み上げ型」といっていました。ここでいうアセットには、無形のアセットも多く含まれます。

わかりやすい例では、グーグル社の検索エンジンが挙げられます。これは、使われれば使われるほど検索に関するデータがグーグル社に蓄積してアルゴリズムがどんどん進化するため、他社が後発参入をしたとしても永遠に追いつけません。「雪だるま」を先に、かつ、速く転がした企業が勝ち続けるイメージです。

この意味で、人的資本経営は「アセット積み上げ型のビジネスモデルを高める」ことだといえます。人材力・組織力などは、アセットを積み上げるための大きな要素です。「ビジネスをすればするほど社内の人材力や組織力が高まるかどうか」は、これから企業の持続的成長力を見る上での大きなポイントとなっていくでしょう。

人的資本経営が注目される理由 ２

無形資産への注目――産業構造の変化が生んだ「大転換」

ここまで、人的資本経営が、貸借対照表＝有形資本の動きを捉えるだけでは成り立たないということをお話ししてきましたが、人的資本に代表されるような「無形資産」の重要性が世界的に高まっていることも、人的資本経営が注目される要因の一つです。

1979年に社会学者エズラ・ヴォーゲルが『ジャパン・アズ・ナンバーワン』という書籍を出版しました。この本は、タイトルの通り、第二次世界大戦後、量産型製造業を中心に経済成長を実現した日本の活躍を記した一冊です。

その一方で、米国では、1970年代にはすでに国内の量産型製造業は力を失っており、産業構造の転換を迫られていました。

そこで、1980年以降に台頭してきたのが、デジタルテクノロジーやソフトウェアなどを中心とした産業です。後に第三次産業革命といわれる波に乗って産業構造を大きくシフトしたことにより、米国はスタートアップ企業から世界トップクラスの企業へと急成長した企業を多く輩出しました。

具体的には、1975年設立のマイクロソフト、1976年設立のアップル、1977年設立のオラクル、1982年設立のアドビ、1994年設立のアマゾン・ドット・コム、1997年設立のネットフリックス、1998年設立のアルファベット、ペイパル・ホールディングス、1999年設立のセールスフォース・ドットコム、2004年設立のメタ・プラットフォームズなどの企業です。

図表1－4にこれら急成長したスタートアップ企業の現在の業績を示しました（決算期

図表1-4 米国の急成長スタートアップ企業の業績

	企業名	（百万米ドル）売上高	営業利益	売上高営業利益率	決算期
1	アマゾン・ドット・コム	513,983	12,248	2.4%	2022年12月
2	アップル	394.328	119,437	30.3%	2022年9月
3	アルファベット	282,836	74,842	26.5%	2022年12月
4	マイクロソフト	198,270	83,383	42.1%	2022年6月
5	メタ・プラットフォームズ	116,609	28,944	24.8%	2022年12月
6	オラクル	42,440	15,830	37.3%	2022年5月
7	ネットフリックス	31,616	5,633	17.8%	2022年12月
8	セールスフォース	31,352	1,858	5.9%	2023年1月
9	ペイパル・ホールディングス	27,518	4,044	14.7%	2022年12月
10	アドビ	17,606	6,098	34.6%	2022年11月

２０２２～23年）。売上高の規模が大きいこともさることながら、売上高営業利益率も非常に高い企業が多く、産業構造が大きく変化したことを物語っています。

この産業構造の変化により、企業価値に占める「無形資産」の割合が年々高まってきました。量産型製造業では有形資産が企業価値を表していましたが、デジタルテクノロジーやソフトウェアなどの産業では、有形資産よりも無形資産が企業価値を表すようになったためです。

図表１－５は、S&P５００の企業価値に占める無形資産の割合の変化を示したものです。

S&P５００は、米国大型株の動向を表す

図表1-5 S&P500の企業価値に占める無形資産の割合

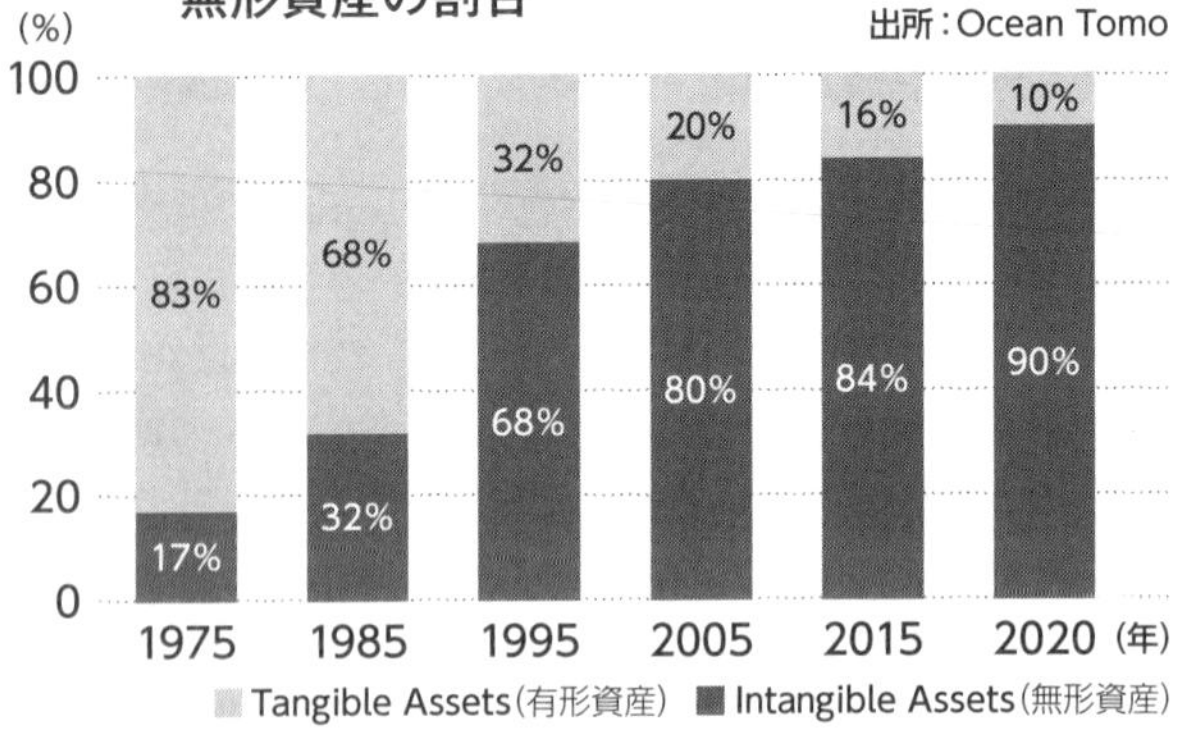

産業構造の変化により、無形資産の重要性が年々高まっている

最良の単一尺度として広く認められている株価指数であり、米国の主要産業を代表する５００社によって構成されており、米国株式市場の時価総額の約80%をカバーしています。当然、先ほどの図表１－４で挙げたような企業も入っています。

図表１－５を見ると、１９８０年代以降、アメリカは産業構造の変革に取り組んだ結果、１９９０年代には企業価値に占める無形資産比率が増大し、２０２０年に至っては企業価値の約90%を無形資産が占めるようになっています。

こうした流れの中、欧米では、２００８年のリーマンショックの影響をきっかけに、企業価値を判断する際に、有形資産の流れを示した従来の決算書の情報だけではなく、決算書には表れない「無形資産」も重視するべきだという意見が出てきました。

その中でＥＳＧ（環境・社会・ガバナンス）に代表されるような「非財務指標」も重要だという認識が投資家に広がります。実体を伴わない経済への批判が高まったことで、これ以降、金融資本主義から人材資本主義の流れが生まれたのです。

その後、特許をはじめとした知的財産や、カスタマーネットワークなど、さまざまな無形資産が統合報告書に記されるようになりました。こうした無形資産の中でも、特に重要なのが人材といえます。

テクノロジーも、企業ブランドも、信頼も、すべては人が生み出していくわけですから、企業が人材に対して、どのような投資をしているのかが問われますし、それらを示していかなければいけない時代になったわけです。

こうした経緯の中で、人材も含めた無形資産の情報開示を求める声が高まっています。これが「人的資本開示」というムーブメントとなっていきます（人的資本開示については、第2章で詳述）。

２０１１年に国際標準化機構（ＩＳＯ：International Organization for Standardization）で

組織の健康、安全、ウェルビーイング (Organizational health, safety and well-being)	けが等のアクシデントによって失った時間の比率
	業務上アクシデント数
	業務上死亡者数
	研修に参加した従業員の比率
生産性 (Productivity)	従業員一人当たりの EBIT ／売上高／利益
	人的資本 ROI
採用、異動、離職 (Recruitment, mobility and turnover)	空きポジションに適した候補者の数
	入社前の期待に対する入社後のパフォーマンス
	空きポジションを埋めるためにかかった平均期間
	クリティカルなビジネスポジションを埋めるためにかかった平均期間
	移行と将来のワークフォースのケイパビリティアセスメント (タレントプール)
	社内人材で埋められるポジションの比率
	社内人材で埋められるクリティカルなビジネスポジションの比率
	クリティカルなビジネスポジションの比率
	クリティカルな全ビジネスポジションに対する空きポジションの比率
	社内異動比率
	従業員層の厚さ
	離職率
	自主退職率 (定年退職除く)
	クリティカルな自主退職比率
	退職理由
スキル、ケイパビリティ (Skills and capabilities)	人材開発・育成の総費用
	全従業員に対し年間で育成プログラムに参加した従業員の比率
	従業員一人当たりの平均育成プログラム参加時間
	異なるプログラムで従業員一人当たりの平均育成プログラム参加時間
	ワークフォースのコンピテンシーレート
後継者計画 (Succession planning)	後継の効率
	後継者のカバー率
	後継の準備率：準備できている
	後継の準備率：1 ～ 3 年以内
	後継の準備率：4 ～ 5 年以内
ワークフォース可用性 (Workforce availability)	従業員数
	常勤従業員数
	外部労働力：業務委託者数
	外部労働力：非常勤労働者
	アブセンティーイズム

図表1-6 ISO 30414が示す11の人的資本領域

11の人的資本領域	人的資本領域におけるメトリック数
コンプライアンス／倫理 (Compliance and ethics)	違法行為の数・タイプ
	結審の数・タイプ
	コンプライアンス・倫理に関する研修を受講した従業員の比率
	外部との争い
	外部監査による発見とこれらから起こるアクションの数・タイプ・ソース
コスト (Costs)	総人件費
	外部人件費
	給与・報酬の社内格差の比率
	雇用に関する総費用
	一人当たり採用費
	社内外からの採用・異動費
	離職費
ダイバーシティ (Diversity)	ワークフォースのダイバーシティ：年齢
	ワークフォースのダイバーシティ：ジェンダー
	ワークフォースのダイバーシティ：障がい
	ワークフォースのダイバーシティ：その他
	リーダーシップチームのダイバーシティ
リーダーシップ (Leadership)	リーダーシップに対する信用
	管理する従業員数
	リーダーシップ研修に参加した従業員の比率
組織文化 (Organizational culture)	エンゲージメント／満足度／コミットメント
	リテンション比率

出典：https://www.sentankyo.jp/articles/1b671142-b1e6-4a5c-a545-66dd957f1abc

人材マネジメントの専門委員会（TC：Technical Committee）であるISO／TC260が創設され、人材マネジメントの計測方法について、現時点で27の国際規格文書が出されています（ISOについては、第2章で詳述）。

2018年には、人的資本報告のガイドラインとなるISO 30414が公表されました（図表1－6）。これは人材マネジメントの11領域において58のメトリック（測定基準）を定めたものです。

これほどまでにさまざまな視点から、企業の「人的資本経営」の度合いを測って示そうという機運が生まれてきているのです。

この人的資本の11領域に対し、どう投資し、どれくらいのリターンを出していくか。ファイナンスと同じように、人材の領域でもROIで経営判断をしていく。それが人的資本経営の基本的な考え方です。人的資本への取り組みを数値で開示することで、投資家に自社の成長性や持続可能性を示していくのです。

無形資産を巡る日本企業の状況

図表1-7　2021年度末、2022年度末時点の日本の時価総額トップ500社の企業価値に占める無形資産比率分布

無形資産比率		80%以上	60%以上80%未満	40%以上60%未満	20%以上40%未満	0%以上20%未満	0%未満
2021年度末	社数	60	91	75	54	56	164
	割合	12.0%	18.2%	15.0%	10.8%	11.2%	32.8%
2022年度末	社数	41	77	74	57	54	197
	割合	8.2%	15.4%	14.8%	11.4%	10.8%	39.4%

ここまで欧米を中心に人的資本経営を巡る動きを簡単に説明してきましたが、日本国内の事情は、また少し異なります。

筆者は日本で上場している企業の時価総額上位５００社の年度末の無形資産比率のデータを毎年整理していますが、２０２２年度末時点の上位５００社の無形資産比率は32％と、Ｓ&Ｐ５００に比べるとかなり低い数字でした。図表１－７に、無形資産比率の内訳を示します。

特に、「０％未満」と回答した、約40％の企業も問題です。つまり、これらの企業は、有形の資産価値よりも企業価値が低い状況を表しています。

こうした企業は、会計用語でいえば、「Ｐ

BR（株価純資産倍率）が1倍を割っている状況」ということになります。

PBRとは、株価が1株当たりの純資産の何倍の水準かを示した指標です。これが1倍を割っている状況というのは、「株価が安く、時価総額が企業の純資産よりも低い」状態であることを示します。

持っている資産よりも時価総額が低いということは、「事業を続けるより解散したほうがいい」ということです。これでは日本市場に投資が集まりません。

一方で、無形資産比率の高い企業も増えてきています。図表1－8は日本の時価総額上位500社の中で企業価値に占める無形資産の割合が80％以上の企業を示したものです。時価総額1兆円以上で無形資産比率80％以上の企業の中では、キーエンスのように有形資産の5倍以上もの時価総額がついている企業もあります。

これらの企業は無形資産が企業の価値を作っているということであると同時に、投資家から無形資産の価値が認められているということでもあります。

日本は、1970年代こそ量産型製造業で経済を成り立たせていましたが、1990年代に入ってから、特にエレクトロニクス産業で韓国、台湾、中国等の他のアジアの国々の企業の成長により、世界シェアを落としていきました。

図表1-8 2022年度末時点で無形資産比率が80％以上の企業

	企業名	2020年末時価総額（億円）	無形資産比率	無形資産価値（億円）
1	キーエンス	125,057,39	81.2%	101,506,09
2	ファーストリテイリング	85,421,12	81.0%	69,212,18
3	第一三共	82,748,95	82.0%	67,839,23
4	オリエンタルランド	69,683,03	87.5%	61,005,19
5	HOYA	45,351,83	81.6%	36,999,74
6	エムスリー	24,292,80	88.3%	21,458,17
7	レーザーテック	20,502,58	96.2%	19,732,96
8	オービック	19,332,36	82.4%	15,928,78
9	カプコン	11,219,89	83.2%	9,340,51
10	日本オラクル	10,928,40	88.1%	9,627,40
11	神戸物産	10,369,44	88.6%	9,183,01
12	ZOZO	10,159,60	93.5%	9,499,03
13	MonotaRO	9,310,02	92.8%	8,637,33
14	GMOペイメントゲートウェイ	8,360,08	89.5%	7,481,00
15	コーエーテクモホールディングス	8,039,44	83.4%	6,701,76
16	ベイカレント・コンサルティング	6,395,18	92.7%	5,926,67
17	東映アニメーション	5,577,60	80.4%	4,486,09
18	日本M&Aセンターホールディングス	5,488,18	90.2%	4,948,54

図表1-9 日本企業が強かった製品の世界シェア推移

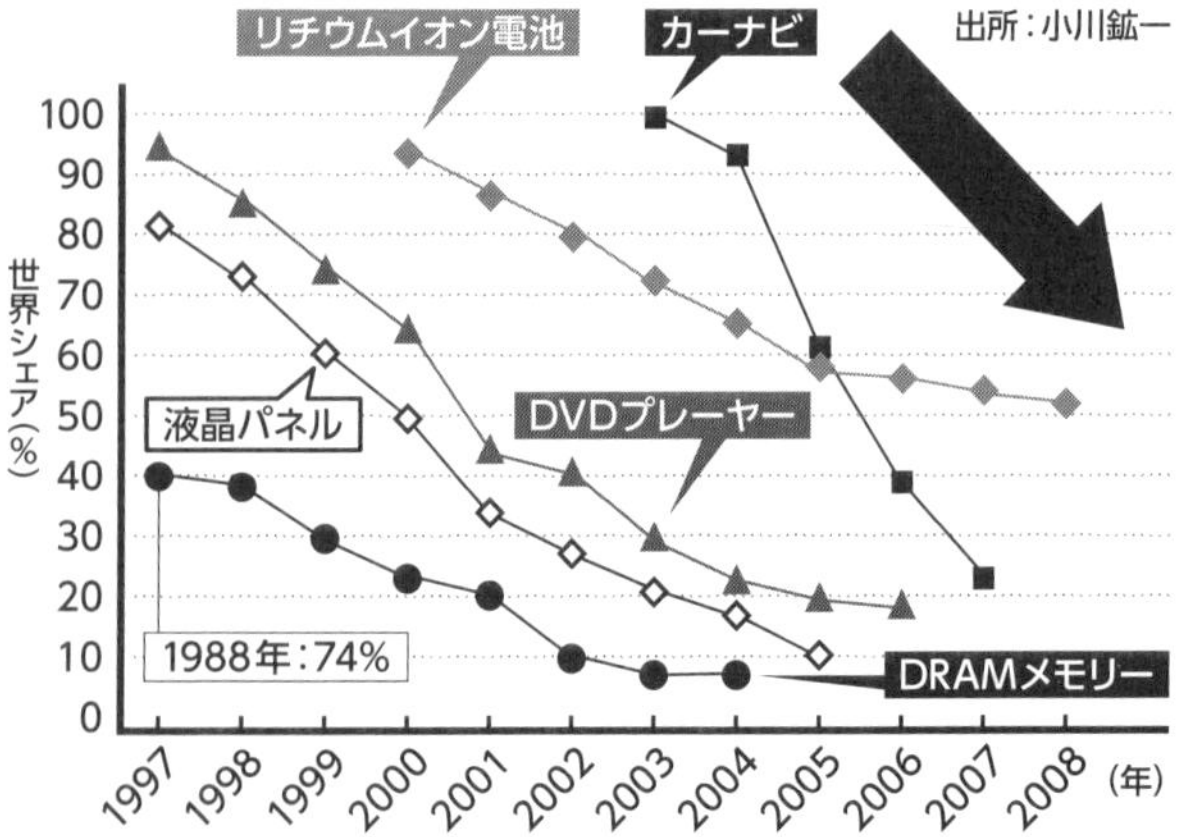

図表1－9に日本がかつて強かった製品の世界シェアの推移を示します。これまで述べてきたように、第二次世界大戦後の日本経済の中心となっていた量産型製造業が衰退しています。ここから、量産型製造業に代わる新たな産業創造が重要であり、無形資産の価値を高める経営が求められていることがわかります。

図表1－10に、1989年と2023年（2月末時点）の世界時価総額ランキングトップ50社のうち上位30社を示します（高橋史弥「2023年世界時価総額ランキング。世界経済における日本の存在感はどう変わった?」フォーリースタートアップス、2023年3月）。

これを見ると、1989年では、世界時価

総額トップ50社の内、32社が日本企業、15社が米国企業、３社が英国企業でしたが、２０２３年には、米国企業32社、中国企業５社で、日本企業は２０２３年１月時点ではトヨタが47位でしたが、２月時点では52位とランク圏外です。

量産型の製造業が強く、有形資産の価値が高かった日本企業は、企業価値が無形資産にシフトしてからは、ＧＡＦＡＭをはじめとしたソフトウェア産業のような「目に見えないものを売り、目に見えない価値が高い」企業に多くが追い付けていません。

実際に東京証券取引所では、「ＰＢＲが１倍を割っている状況の改善」といった形で、企業に対して声明を出しています。

こうした背景もあり、日本企業は特に「人的資本経営」への移行が強く求められているのです。

2023年（2月）の世界時価総額ランキング トップ30社

順位	企業名	時価総額（億ドル）	国・地域名
1	Apple	23,242	アメリカ
2	Saudi Aramco	18,641	サウジアラビア
3	Microsoft	18,559	アメリカ
4	Alphabet	11,452	アメリカ
5	Amazon.com	9,576	アメリカ
6	Berkshire Hathaway	6,763	アメリカ
7	Tesla	6,229	アメリカ
8	NVIDIA	5,728	アメリカ
9	UnitedHealth Group	4,525	アメリカ
10	Exxon Mobil	4,521	アメリカ
11	Visa	4,518	アメリカ
12	Meta Platforms	4,454	アメリカ
13	台湾積体電路製造（TSMC）	4,321	台湾
14	騰訊控股（Tencent Holdings）	4,239	中国
15	JPMorgan Chase	4,135	アメリカ
16	LVMH Moet Hennessy Louis Vuitton	4,125	フランス
17	Johnson & Johnson	4,076	アメリカ
18	Walmart	3,842	アメリカ
19	Mastercard	3,376	アメリカ
20	Procter & Gamble	3,285	アメリカ
21	貴州茅台酒（Kweichow Moutai）	3,235	中国
22	Novo Nordisk	3,234	デンマーク
23	Samsung Electronics	3,162	韓国
24	Chevron	3,111	アメリカ
25	Nestle	3,087	スイス
26	Eli Lilly and Company	3,056	アメリカ
27	Home Depot	3,026	アメリカ
28	Merck	2,784	アメリカ
29	Bank of America	2,736	アメリカ
30	Abbvie	2,702	アメリカ

図表1-10 1989年の世界時価総額ランキングトップ30社

順位	企業名	時価総額(億ドル)	国・地域名
1	NTT	1,639	日本
2	日本興業銀行	716	日本
3	住友銀行	696	日本
4	富士銀行	671	日本
5	第一勧業銀行	661	日本
6	IBM	647	アメリカ
7	三菱銀行	593	日本
8	Exxon	549	アメリカ
9	東京電力	545	日本
10	Royal Dutch Shell	544	イギリス
11	トヨタ自動車	542	日本
12	General Electric	494	アメリカ
13	三和銀行	493	日本
14	野村證券	444	日本
15	新日本製鐵	415	日本
16	AT&T	381	アメリカ
17	日立製作所	358	日本
18	松下電器	357	日本
19	Philip Morris	321	アメリカ
20	東芝	309	日本
21	関西電力	309	日本
22	日本長期信用銀行	309	日本
23	東海銀行	305	日本
24	三井銀行	297	日本
25	Merck	275	アメリカ
26	日産自動車	270	日本
27	三菱重工業	267	日本
28	DuPont	261	アメリカ
29	General Motors	253	アメリカ
30	三菱信託銀行	247	日本

人的資本経営が注目される理由 3

ＨＲテクノロジーの隆盛――技術革新が可能にした「データ経営」

人的資本経営に欠かせないのが、データを活用した人材マネジメントや、組織改革を実現する「ＨＲテクノロジー」です。

「ＨＲテクノロジー」とは、人事・労務業務分野で用いられるシステムやアプリケーションの総称で「ＨＲテック（HR Tech）」とも呼ばれています。

これまでも従業員の給与計算や勤怠管理などでＨＲテクノロジーは活用されていましたが、近年注目されているのは、人材活用や人材育成領域におけるＨＲテクノロジーの利用です。

なぜこのＨＲテクノロジーが、人的資本経営に必要なのか。

それは、ここまで説明してきたさまざまな人的資本経営を示す指標は、ＨＲテクノロジーの力なくしては計測できないからです。

例えば、採用については採用人数、採用コスト、採用にかかる時間などを効率性や効果の観点で計測できます。こうしたデータを社内に蓄積し、分析を重ねることで可能になるのが、人的資本経営なのです。

むしろ、近年になって人的資本経営が着目されるようになったのは、ＨＲテクノロジーの発達で多様なデータが取れるようになったからともいえます。

そもそも、人的資本経営を意味するヒューマンキャピタルマネジメントという言葉が世の中に広がったのは、人事や人材マネジメントのための情報通信システムを「ＨＣＭ（Human Capital Management）アプリケーション」と呼ぶようになったことがきっかけです。

人事の情報通信システムは、古くはＨＲＩＳ（Human Resources Information System）と呼ばれていましたが、２０００年代前半頃からＨＲＭＳ（Human Resources Management System）と呼ばれるようになり、２０１０年代に入ってからはＨＣＭアプリケーションと呼ばれるようになりました。

その頃から、テクノロジーの進化により、ＨＣＭアプリケーション市場は世界で急成長し始め、注目を浴びるようになり、同時に人的資本経営を意味するＨＣＭという言葉も注目を集めるようになったのです。

その後、ＨＣＭアプリケーションに関連する言葉として、「ＨＲテクノロジー」や「ＨＲテック」という言葉が出てきました。

少し「はじめに」でもお話ししましたが、「ＨＲテクノロジー」という言葉を日本で初めて公の場で使用したのは、筆者らが２０１５年４月に行った講演が初めてです。

具体的には、２０１５年４月24日に慶應義塾大学日吉キャンパスにて「ＨＲテクノロジーシンポジウム」を開催し、慶應義塾大学のウェブサイトでシンポジウム開催録を公表しました（「『Human Resources Technology Symposium』開催」慶應義塾大学大学院システムデザイン・マネジメント研究科、２０１５年５月）。

その後、ＨＲテクノロジーという言葉は、日本で爆発的に広がっていきました。

なお、当時ならおそらく商標登録ができたはずですが、言葉が広がることを期待して、誰でも使えるように敢えて商標登録をせず普通名称化させました[1]。

その後、少し遅れて、人的資本、人的資本経営という言葉が流行ることになるのですが、その前提として「ＨＲテクノロジー」という下地が広がっていたことは、大きな要素の一つだったと、筆者は考えています。

海外のHRテクノロジー企業の動向

図表１－11は、ＨＲテクノロジーに関連するプレイヤーを示したものです。ＨＲテクノロジーのツールのことをＨＣＭアプリケーションと呼び、ＨＣＭアプリケーションベンダー（製造元、販売供給元）と、それを活用するＨＣＭアプリケーションユーザーがいます。

その間に、ＨＣＭアプリケーションベンダーの提供したツールを用いてコンサルティングを行うコンサルティングファームなどが、ＨＲテクノロジーのプレイヤーとして存在しています。

1　米国では「HR TECHNOLOGY」という言葉が２０００年にLRP Publications社によって商標登録されています。LRP Publications社は毎年、「HR Technology Conference & Exposition」というイベントを主催しており、このイベントには世界中のＨＲテクノロジーの企業が集まってきます。この数年は日本からの参加者も増えており、日本からの参加者によるイベント録が日本語で公表されることも増えました。「HR TECH」という言葉も商標登録されましたが後に放棄されています。
日本では、株式会社 grooves が「HRTech」を２０１５年３月27日に第35類と第41類の区分で商標登録しました。

図表1-11 HRテクノロジーに関連するプレイヤー

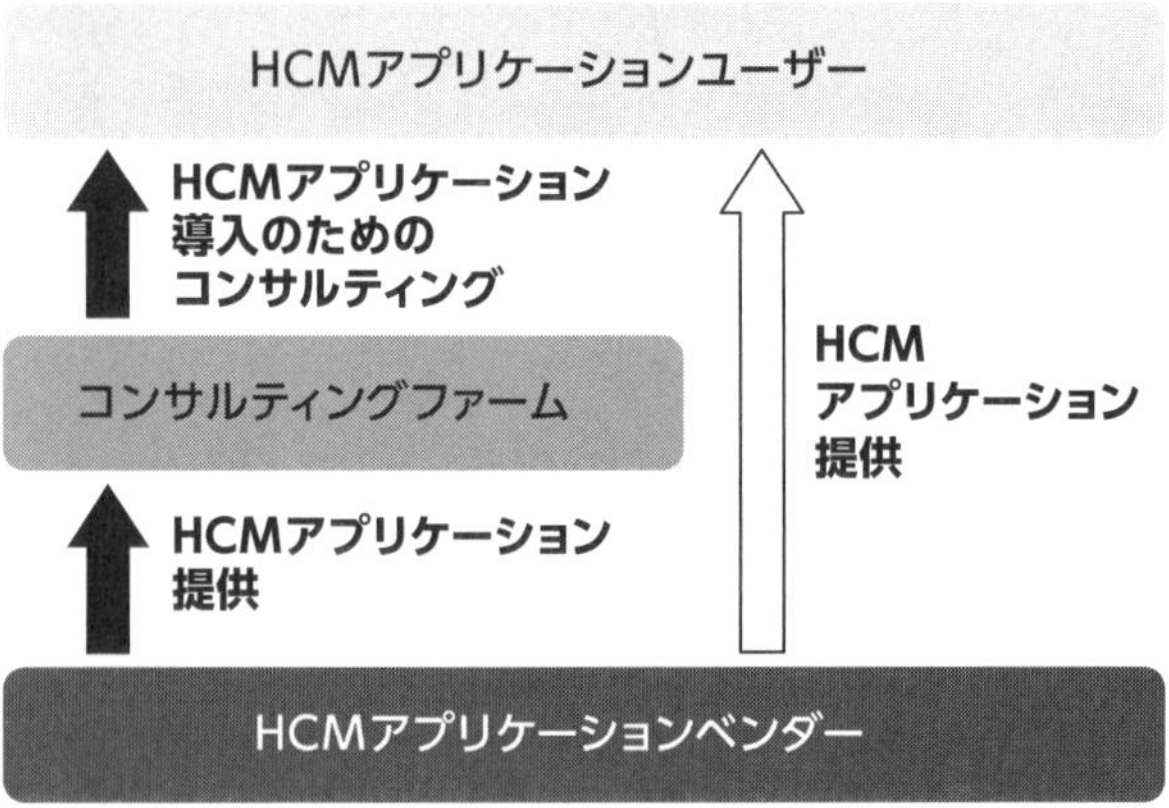

市場調査会社のApps Run The World社によると、2021年度のHCMアプリケーションの世界売上高トップ10社は図表1－12の通りです。

ただ、Apps Run The World社の市場調査ではいくつかの企業が調査対象に含まれておらず、実際はリクルートホールディングスが世界売上高第1位となります。

リクルートホールディングスが2012年に買収したインディードがその後急成長し、2023年3月期には、インディードのHCMアプリケーションを含むHRテクノロジー事業の売上高は8243百万米ドルとなっており、ワークデイの売上高を大きく上回っています。

図表1-12 HCMアプリケーション世界売上高トップ10（2021年度）

順位	企業名
1	ワークデイ
2	マイクロソフト
3	UKG
4	SAP
5	オラクル
6	ADP
7	ペイコム
8	セリディアン
9	コーナーストーンオンデマンド
10	ペイロシティ・ホールディング

ワークデイは２００５年3月に設立されたスタートアップ企業で、２０１２年10月にニューヨーク証券取引所に株式上場しました。統合型のＨＣＭアプリケーションを展開しており、株式上場後も成長し続けています。

図表１－13はワークデイの２０２０年１月期以降の業績推移を示したものです。２０２３年１月期の売上高は６２１６百万米ドルです。

ＨＣＭアプリケーションは市場セグメントがかなり細かく分けられます。分け方は、市場調査会社によって異なりますが、例えば、Apps Run The World 社では、ＨＣＭアプリケーション市場を図表１－14のように、21のセグメントに分けています。

図表1-13 ワークデイの業績推移

決算期	2020年1月	2021年1月	2022年1月	2023年1月
売上高（百万米ドル）	3,627	4,318	5,139	6,216
営業利益（百万米ドル）	-502	-248	-116	-222

出所：ワークデイ

セグメント化されたさまざまな機能に横串を通して統合化したHCMアプリケーションのことを「統合型HCMアプリケーション」と呼び、主に大手企業が、統合型HCMアプリケーションを展開しています。それだけでなく、細かく分けられた、ある市場セグメントに特化したスタートアップ企業も多く参入しています。

図表1-14 HCMアプリケーション市場における21のセグメント

コアHR&タレントマネジメント	コアHR
	ペイロール（給与計算）
	報酬
	年金
	福利厚生
	コンプライアンス
	パフォーマンスマネジメント
	後継者計画
	学習・開発
タレントアクイジション（人材採用）	CRM（Candidate Relationship Management：候補者関係マネジメント）
	ソーシング
	リクルーティング
	オンボーディング
	ATS（Applicant Tracking System：応募者追跡システム）
	臨時従業員
ワークフォースマネジメント	ワークフォーススケジューリング
	タスクマネジメント
	勤怠管理
	欠勤マネジメント
	疲労マネジメント
	ワークフォースアナリティクス

日本でも広がるHRテクノロジーの活用

日本でも、HRテクノロジー分野の市場は急成長しており、ベンダーの数も500を超え、スタートアップ企業も多く現れています。

ただ、特に大企業では従来型のオンプレミス（自社運用）の人事システムが縦割りで入っており、人材採用、育成、給与計算、労務管理とすべてベンダーが異なるケースも珍しくありません。

人材マネジメントは、それぞれの領域を掛け合わせてデータを分析・活用しなければ意味がありません。しかし、縦割りになっているデータに横串を通すハードルは高く、データドリブンによる人的資本経営が進まない原因の一つとなっています。

さらに、人事関連のデータが蓄積されていたとしても、経営に活用することを意図していなかったというケースも多く、そのままでは分析に使用することができないといった問題も出ています。

一方で、国などのIT導入補助金を活用できる中小企業においては、HRテクノロジーの登場は人的資本経営に取り組む大きなエンジンとなる可能性があります。

人手不足が深刻な中小企業では、人事担当者を新たに雇用するより、ツールを導入した方が安くて即効性があります。また、もともと人事システムをもっていない中小企業にとっては、導入によってゼロベースで人的資本経営に取り組めるという利点があります。

近年では、地域金融機関が融資の際に、中小企業に対しても人材データの開示を求める傾向にあり、人的資本経営は中小企業にとっても無縁ではなくなってきています。

これから人的資本経営を行う上では、ＨＲテクノロジーを理解するためのデータリテラシーを、また事業、財務、人的資本などの多様な要素を経営に加味していく必要があります。

「企業は人なり」の意味を、誤解していないか？

ここまで、今現在、人的資本経営が注目される理由について、３つの視点から読み解いてきました。

しかし、人材の価値を高めて経営する人的資本経営の考え方自体は日本でも古くからあり、松下幸之助が唱えていた「事業は人なり」「企業は人なり」という考え方は、正に人的資本経営の考え方といえます。
松下幸之助は以下のように述べています。

〝事業は人なり〟ということがよくいわれる。これはお互いの事業体験からいっても、まったくその通りだと思う。事業は人を中心として発展していくものであり、その成否は適切な人を得るかどうかにかかっているといってもいいだろう。
どんなに伝統のある会社であり、またいい内容を持つ事業であっても、その伝統をになうべき適切な人を求めることができないというのでは、だんだんと衰微していってしまうだろう。だからどこの会社でもいわゆる人づくりということを非常に大事なことと考え、人を求め、人を育て、人を生かすことにつとめるということになってくる。そしてそういうことに成功するところほど、業績を伸ばし、隆々と発展していると思う。

（松下幸之助『事業は人なり』ＰＨＰ研究所、２０１５年３月）

「事業は人なり」「企業は人なり」という言葉は、現在どの日本企業でも当たり前のように使われています。しかし、実際に「人を育て、人を生かす」という観点で見たときに、すべての人材が生かせているでしょうか。

多くの日本企業では「企業は人なり」という言葉が「雇用を守る」という意味に変換されているように見えます。しかし、本来の意味である「人を育て、人を生かす」という原点に立ち返ってみれば、人的資本経営の実践において求められる「企業は人なり」という言葉は、もう少し違ったものに見えるのではないでしょうか。

ここまで見てきたように、ハードウェアからソフトウェアへの産業構造の変化に合わせて、「企業は人なり」の意味が変わっています。

以前の日本企業は、製造業を中心に、みんなが高いレベルで同じものを作れるようにということに主眼を置いた「金太郎アメ型」の人材マネジメントが主流でした。ハードウェアビジネスはそれでよかったのです。

ところが、現代のソフトウェアビジネスでは、「プロスポーツ型」の人材マネジメントをしないと業績が上がらなくなりました。なぜなら、ソフトウェアによるビジネスとは、同じ品質のものをたくさん作る、という発想とは全く違うものだからです。

ソフトウェアというのは物理的なモノではないので、コピーして同じ性能のものを作るのは簡単です。ですから、そもそものアイデアが何よりも大切になります。優れたアイデア一つが大当たりを生み出す可能性があるのです。優れたアイデアを生み出せるプロフェッショナルなタレントの有無が、企業の儲けに直結する世の中になったのです。

今、第四次産業革命といわれるように、あらゆる領域でデータやＡＩに関連するテクノロジーが活用されるようになり、人材マネジメントの領域でもデータを活用するのが当たり前の時代になっています。今いわれている人的資本経営が昔からの「企業は人なり」と異なるのは、データやファクトを活用していく点といえるでしょう。

どのようにデータを活用していくのかということで悩んでいる企業も多いと思いますが、本質的に重要なのは、それぞれの企業にとっての「企業は人なり」がどうあるべきかを考え、議論していくことです。データに関しては国際規格も登場していますので、それらに沿って粛々《しゅくしゅく》と活用していけば良いでしょう。

第2章

世界で進む「人的資本開示」の動き

人的資本開示の政策

本章では、人的資本経営における重要なムーブメントである「人的資本開示」について、お話ししていきたいと思います。

人的資本開示とは、財務諸表に載らない「非財務情報」である人的資本について、財務情報と同様に、社内外に向けて公表することです。

前章でお話ししてきたように、無形資産に代表される非財務情報が重要視されるようになるにつれ、企業はその「開示」を社会的に求められるようになりました。

その非財務情報の中でも、企業の持続的成長性に大きな影響を与える人的資本について開示を義務化する政策も世界中で検討・策定されています。

欧州では2014年に、年間平均従業員数500人以上の大規模企業に対して、企業の社会的責任や環境保全、人権保護や汚職防止などの取り組みを含む非財務情報の開示が義務付けられました。それにより、従業員500人以上の企業は、2017年会計年度以降、人的資本を含めた非財務情報の開示をしなくてはならなくなりました。[2]

米国では、２０２０年８月26日に証券取引委員会（ＳＥＣ：Securities and Exchange Commission）が Regulation S-K を改訂することを発表しました。Regulation S-K とは、財務諸表以外の定性的な情報に関する開示についての規制です。これによって人的資本も含めた非財務情報の開示が米国上場企業に原則主義で義務付けされ、２０２０年11月９日に発効しました。

原則主義とは、考え方の基となる原則のみを示し、具体的な数値基準や判断基準を定めないという方針を採用したものです。つまり、人的資本の「どの情報を開示するか」は企業に任せられています。

そして日本では、金融庁金融審議会「ディスクロージャーワーキング・グループ」と内閣官房「非財務情報可視化研究会」で人的資本開示の政策の検討が行われました。

金融庁金融審議会「ディスクロージャーワーキング・グループ」では２０２１年９月より、計９回にわたり、企業情報の開示のあり方について検討及び審議が行われ、２０２２

2　特定の大規模事業・グループの非財務情報開示に関する２０１４年10月22日付欧州議会・理事会指令2014/95/EU（NFRD：Non-Financial Reporting Directive）。２０１４年12月５日発効。

年6月13日に、「金融審議会 ディスクロージャーワーキング・グループ報告―中長期的な企業価値向上につながる資本市場の構築に向けて―」が公表されました。この報告において、「サステナビリティに関する企業の取組みの開示」「コーポレートガバナンスに関する開示」などについて制度整備を行うべきとの提言がなされました。

そして、当該提言を踏まえた、有価証券報告書及び有価証券届出書（以下「有価証券報告書等」と表記）の記載事項の改正がなされました。これは「企業内容等の開示に関する内閣府令」等の改正であり、２０２３年1月31日付で公布・施行され、２０２３年3月31日以降に終了する事業年度に係る有価証券報告書等から適用されました。

これによって、２０２３年3月期の有価証券報告書等から、約４０００社に人的資本情報の開示が義務付けられたのです。

具体的には、「サステナビリティに関する企業の取組みの開示」の中で、人的資本、多様性に関する開示が上場企業に求められるようになりました。

その開示内容は、以下の通りです。

人材の多様性の確保を含む人材育成の方針や社内環境整備の方針及び当該方針に関

する指標の内容等について、必須記載事項として、サステナビリティ情報の「記載欄」の「戦略」と「指標及び目標」において記載を求めることとします。

また、提出会社やその連結子会社が女性活躍推進法等に基づき、「女性管理職比率」、「男性の育児休業取得率」及び「男女間賃金格差」を公表する場合には、公表するこれらの指標について、有価証券報告書等においても記載を求めることとします。

なお、これらの指標を記載するに当たって任意で追加的な情報を記載することが可能であること、サステナビリティ記載欄の「指標及び目標」における実績値にこれらの指標の記載は省略可能であること、男女間賃金格差及び男性育児休業取得率を記載するに当たって注記すべき内容について、開示ガイドラインにおいて明確化することとします。

この中で、男女間賃金格差の開示については、世界中で政策検討が進んでいます。日本では、２０２２年７月８日に女性活躍推進法（正式名称は「女性の職業生活における活躍の推進に関する法律」）に関する制度改正がなされ、情報公表項目に「男女の賃金の差異」を追加するとともに、常時雇用する労働者が３０１人以上の一般事業主に対して、当該項目の公表が義務付けられました。

具体的には労働者が301人以上の企業は、図表2－1の通りに、A～Cの3項目の情報を公表する必要があります。

Bの男女の賃金の差異については、「説明できる賃金の差異」と「説明できない賃金の差異」に因数分解する必要があります。

説明できる賃金の差異は、年齢や勤続年数、男性に専門職種従事者が多くいるなどの属性の男女差によって生じる差異を指します。

「男女の賃金の差異」から「説明できる男女の賃金の差異」を引いたものが「説明できない男女の賃金の差異」になりますが、ここで「説明できない男女の賃金の差異」＝「男女差別」となるため、これをゼロに近づけることが重要なのです。

内閣官房では、2022年2月1日に「非財務情報可視化研究会」が開始され、計6回の会合を経て、2022年8月30日に、「人的資本可視化指針」が公表されました。

人的資本可視化指針では図表2－2に示す開示事項の階層（イメージ）が記され、このように整理することが望ましいとされています。

開示事項の中には、企業の戦略的な企業価値向上に向けた取り組みを表現し、投資家か

図表2-1 女性の活躍に関する情報公表項目（常時雇用する労働者が301人以上の一般事業主）

A 女性労働者に対する職業生活に関する機会の提供に関する実績（以下の8項目から1項目選択）

B 男女の賃金の差異（必須）

C 職業生活と家庭生活の両立に資する雇用環境の整備に関する実績（7項目から1項目選択）

Aの8項目		Cの7項目	
1	採用した労働者に占める女性労働者の割合	1	男女の平均継続勤務年数の差異
2	男女別の採用における競争倍率	2	10事業年度前およびその前後の事業年度に採用された労働者の男女別の継続雇用割合
3	労働者に占める女性労働者の割合	3	男女別の育児休業取得率
4	係長級にある者に占める女性労働者の割合	4	労働者の一月当たりの平均残業時間
5	管理職に占める女性労働者の割合	5	雇用管理区分ごとの労働者の一月当たりの平均残業時間
6	役員に占める女性の割合	6	有給休暇取得率
7	男女別の職種または雇用形態の転換実績	7	雇用管理区分ごとの有給休暇取得率
8	男女別の再雇用または中途採用の実績		

図表2-2 開示事項の階層（イメージ）

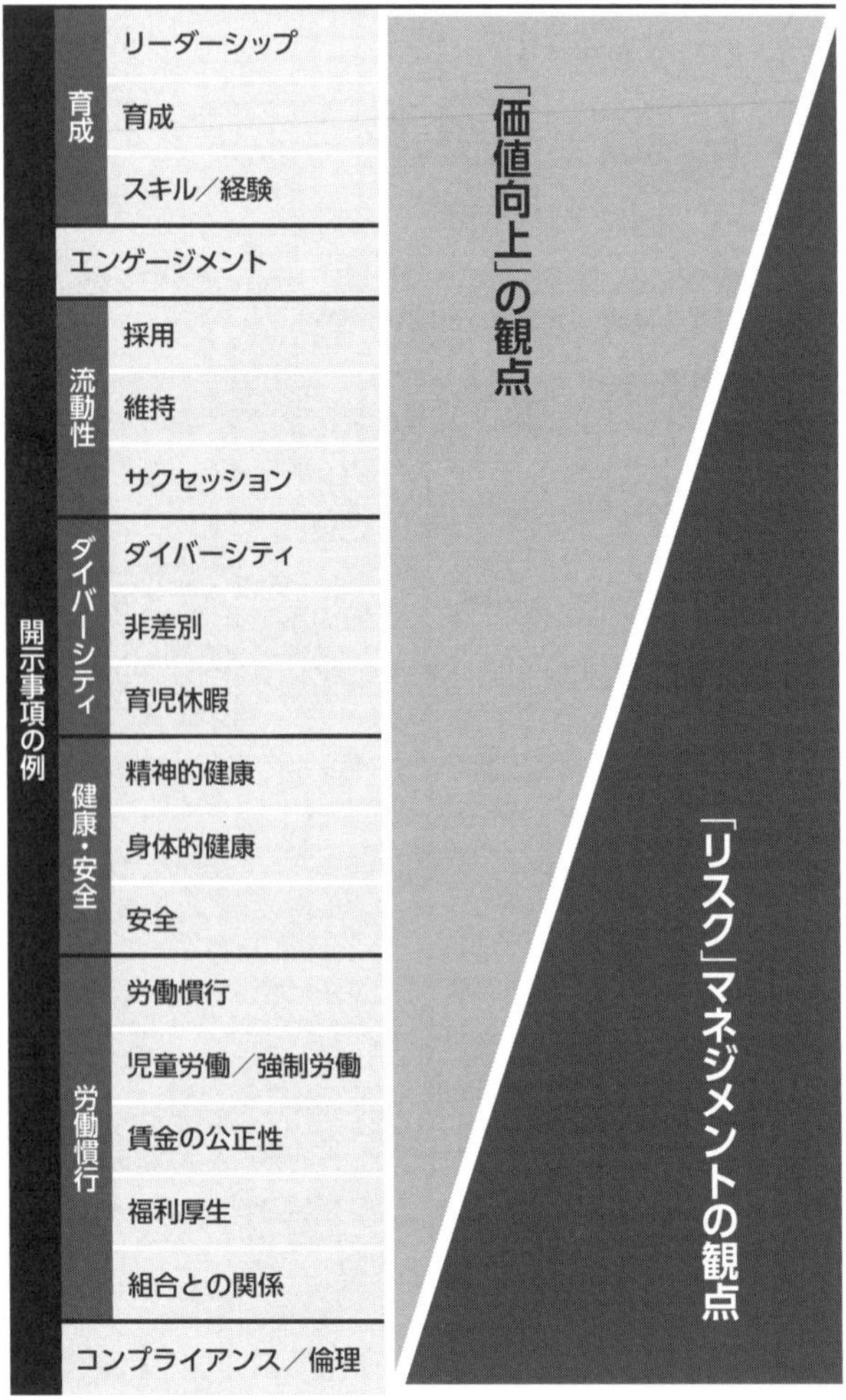

開示事項の例		
育成	リーダーシップ	「価値向上」の観点
	育成	
	スキル／経験	
エンゲージメント		
流動性	採用	
	維持	
	サクセッション	
ダイバーシティ	ダイバーシティ	「リスク」マネジメントの観点
	非差別	
	育児休暇	
健康・安全	精神的健康	
	身体的健康	
	安全	
労働慣行	労働慣行	
	児童労働／強制労働	
	賃金の公正性	
	福利厚生	
	組合との関係	
コンプライアンス／倫理		

らの評価を得ることを企図する「価値向上」に関する開示と、投資家からのリスクアセスメントニーズに応え、ネガティブな評価を回避する観点から必要な「リスクマネジメント」に関する開示の双方が含まれます。

また、一つの開示事項の中に「価値向上」と「リスク」の双方の観点が含まれることもあります。

例えば、人材育成やスキルに関する開示は「価値向上」の軸に力点が置かれていますが、ダイバーシティや身体的・精神的健康に関する開示は、イノベーションや生産性といった戦略的な「価値向上」とともに、企業の社会的責任に対する「リスクマネジメント」の双方の観点から捉えられる開示事項といえます。

企業は、どのような開示ニーズに対応して当該事項を選択・開示するのかを、明確にしながら開示を進めていく必要があります。

人的資本報告の基準――ISO 30414

産業構造の変化により、重要視されるようになった無形資産ですが、テクノロジー、知

図表2-3 「ISO／TC 260」のPメンバー38ヶ国（2023年6月時点）

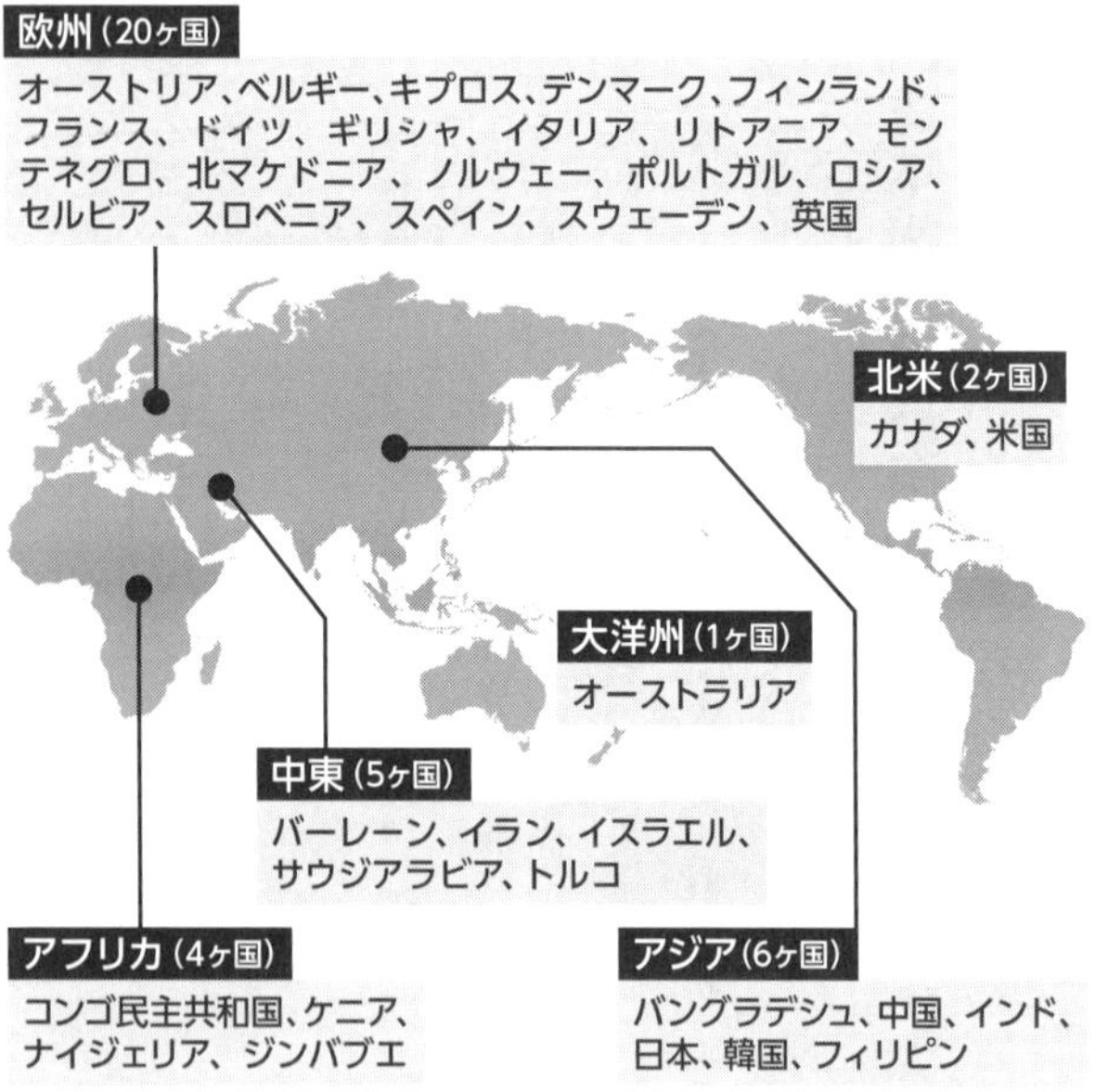

的財産、ノウハウ、顧客ベース、ブランドなどさまざまな無形資産の中でも、最も重要なのが人材です。この考え方は、2008年9月に起きたリーマンショックの後に決定的なものとなり、人材マネジメントの測定基準を作るべきだというムーブメントがさかんになりました。

そうした流れを受けて、2011年にISOに人材マネジメントの専門委員会であるISO／TC 260が創設されました。[3]

ＩＳＯは、国際的に通用する規格を制定する非政府機関であり、１６０以上の国が参加しています。２０２３年６月時点でＩＳＯには３００を超える専門委員会がありますが、その中の２６０番目の専門委員会として立ち上げられました。

ＩＳＯ／ＴＣ ２６０には２０２３年６月時点で38の国がＰメンバー（Participating member：参加国）となっており、日本は２０２３年２月にＰメンバーになりました。図表２－３に地域別のＰメンバーの国を記します。

ＩＳＯの種類にはさまざまあり、そのすべてをここで説明することはしませんが、人的資本経営を理解する上でぜひ知っておいてほしいものとして、第１章で紹介したＩＳＯ３０４１４があります。

ＩＳＯ ３０４１４のタイトルはGuidelines for internal and external human capital re-

3　ちなみに、Standardの日本語訳として「標準」と「規格」の両方が使われており、用語の使い方には注意を要します。標準と規格の厳密な定義はありませんが、標準はスタンダードの大きな概念として使われ、規格は個々のスタンダードを表す時に使われることが多いです。時折「標準規格」という言葉を見かける時がありますが、これを英語にすると「Standard standard（スタンダードスタンダート）」となり、「馬から落馬する」的な同じ意味を重複させた言葉となってしまいます。

組織の健康、安全、ウェルビーイング (Organizational health, safety and well-being)	けが等のアクシデントによって失った時間の比率
	業務上アクシデント数
	業務上死亡者数
	研修に参加した従業員の比率
生産性 (Productivity)	従業員一人当たりの EBIT ／売上高／利益
	人的資本 ROI
採用、異動、離職 (Recruitment, mobility and turnover)	空きポジションに適した候補者の数
	入社前の期待に対する入社後のパフォーマンス
	空きポジションを埋めるためにかかった平均期間
	クリティカルなビジネスポジションを埋めるためにかかった平均期間
	移行と将来のワークフォースのケイパビリティアセスメント（タレントプール）
	社内人材で埋められるポジションの比率
	社内人材で埋められるクリティカルなビジネスポジションの比率
	クリティカルなビジネスポジションの比率
	クリティカルな全ビジネスポジションに対する空きポジションの比率
	社内異動比率
	従業員層の厚さ
	離職率
	自主退職率（定年退職除く）
	クリティカルな自主退職比率
	退職理由
スキル、ケイパビリティ (Skills and capabilities)	人材開発・育成の総費用
	全従業員に対し年間で育成プログラムに参加した従業員の比率
	従業員一人当たりの平均育成プログラム参加時間
	異なるプログラムで従業員一人当たりの平均育成プログラム参加時間
	ワークフォースのコンピテンシーレート
後継者計画 (Succession planning)	後継の効率
	後継者のカバー率
	後継の準備率：準備できている
	後継の準備率：１～３年以内
	後継の準備率：４～５年以内
ワークフォース可用性 (Workforce availability)	従業員数
	常勤従業員数
	外部労働力：業務委託者数
	外部労働力：非常勤労働者
	アブセンティーイズム

図表2-4 ISO 30414が示す11の人的資本領域（図表1-6再掲）

11の人的資本領域	人的資本領域におけるメトリック数
コンプライアンス／倫理 (Compliance and ethics)	違法行為の数・タイプ
	結審の数・タイプ
	コンプライアンス・倫理に関する研修を受講した従業員の比率
	外部との争い
	外部監査による発見とこれらから起こるアクションの数・タイプ・ソース
コスト (Costs)	総人件費
	外部人件費
	給与・報酬の社内格差の比率
	雇用に関する総費用
	一人当たり採用費
	社内外からの採用・異動費
	離職費
ダイバーシティ (Diversity)	ワークフォースのダイバーシティ：年齢
	ワークフォースのダイバーシティ：ジェンダー
	ワークフォースのダイバーシティ：障がい
	ワークフォースのダイバーシティ：その他
	リーダーシップチームのダイバーシティ
リーダーシップ (Leadership)	リーダーシップに対する信用
	管理する従業員数
	リーダーシップ研修に参加した従業員の比率
組織文化 (Organizational culture)	エンゲージメント／満足度／コミットメント
	リテンション比率

出典：https://www.sentankyo.jp/articles/1b671142-b1e6-4a5c-a545-66dd957f1abc

portingです。日本語に訳すと「内部・外部向け人的資本報告のためのガイドライン」となります。内部向けは人的資本経営を自社内で実行するための報告であり、外部向けは資本市場や労働市場向けに開示するための報告です。

2018年12月に出版されたISO 30414の初版では、11の人的資本領域において58のメトリックが示されています（図表2-4）。

なお、ISOの規格はJIS（Japanese Industrial Standards：日本産業規格）化されると日本語の文書も正式文書になりますが、JIS化されるまでは英語が正式文書であるため、翻訳は筆者が行ったもので、正式なものではないことを断っておきます。

グローバルで増加する人的資本報告

ISO 30414が出版されたことにより、ISO/TC 260の主要メンバーで「Human Capital Impact」というグローバル専門家ネットワークが立ち上がりました。現在も、グローバルでISO 30414の普及活動を進めており、2023年6月時点でHuman Capital Impactには12ヶ国、25名の専門家がメンバーとなっています。国別人数は以下のとおりです。

- アジア（５ヶ国）：日本１名、韓国１名、中国１名、シンガポール１名、パキスタン１名
- 大洋州（１ヶ国）：オーストラリア２名
- 北米（３ヶ国）：米国６名、カナダ１名、メキシコ１名
- 欧州（２ヶ国）：ドイツ５名、英国３名
- 中東（１ヶ国）：アラブ首長国連邦２名

ＩＳＯ　３０４１４の普及に伴い、ＩＳＯ　３０４１４に準拠した人的資本報告をする企業が世界中で増えてきました。ＩＳＯ／ＴＣ　２６０の主要メンバーが所属する企業や団体が２０２０年に認証ビジネスを開始し、認証を取得する企業も増加しています。

ＩＳＯ　３０４１４の認証ビジネスには、企業の人的資本報告がＩＳＯ　３０４１４に準拠しているかどうかを認証するものと、企業の人的資本報告がＩＳＯ　３０４１４に準拠しているかどうかをアセスメントするプロフェッショナル（個人）を認証するものがあり

ます。

プロフェッショナルの認証ビジネスはパキスタンのHR Metricsという企業が展開しており、筆者は2020年10月に日本で初めてのプロフェッショナル認証をHR Metricsから取得しました。この認証は「ISO 30414リードコンサルタント／アセッサー」と名付けられています。

2021年より日本でも認証ビジネスが始まり、株式会社HCプロデュースがHR Metricsと連携をして認証ビジネスを展開しています。2023年3月でプロフェッショナル認証講座は7回目を迎え、数百名のプロフェッショナルがISO 30414リードコンサルタント／アセッサーの認証を取得しており、認証取得数は世界の中で日本がナンバー1になっています。

企業の人的資本報告の認証については、ドイチェ・アセット・マネジメントが2020年10月に公表した「DWS HUMAN CAPITAL」というタイトルの人的資本報告書が世界初のISO 30414認証を取得した人的資本報告書になります。

日本でもISO 30414認証を取得する動きが活発化しており、以下の企業がISO 30414認証を取得した人的資本報告書を公表しています。

・リンクアンドモチベーショングループ：「HUMAN CAPITAL REPORT」（２０２２年３月認証取得）
・豊田通商：「Human Capital Report」（２０２２年10月認証取得）
・AKKODiS コンサルティング：「Human Capital Report」（２０２２年11月認証取得）
・レクストホールディングス：「Human Capital Report」（２０２３年３月認証取得）

ここでは、ＩＳＯ ３０４１４認証を取得した各社の人的資本報告書の内容について以下に簡単にまとめてお話ししておきます。

リンクアンドモチベーショングループ

リンクアンドモチベーショングループは２０２２年３月に日本で初めてＩＳＯ ３０４１４認証を取得しました。２０２２年12月期の人的資本報告書は43ページで構成されており、図表２－５に示す内容が報告されています。

経営戦略に連動した人材戦略から、採用、育成、制度、風土を主要ＫＰＩに設定して人

図表2-5 リンクアンドモチベーショングループの「HUMAN CAPITAL REPORT 2022」

出所：リンクアンドモチベーショングループ

的資本経営を行っています。

豊田通商

豊田通商の２０２２年３月期の人的資本報告書は36ページで構成されており、図表２－６に示す内容が報告されています。

「強い個」と「強い組織」を２本柱に、「強い個」では、人財開発と健康経営を重要なＫＰＩに、「強い組織」ではＤＥ&Ｉ（Diversity, Equity & Inclusion）、適所適材・適材適所、人権尊重を重要ＫＰＩに設定して人的資本経営を行っています。

AKKODiSコンサルティング

AKKODiSコンサルティングの２０２２年３月期の人的資本報告書は16ページで構成されており、代表取締役社長による「冒頭メッセージ」「事業概要」「企業理念」「ビジョン」「AKKODiSコンサルティングが考える人的資本経営方針」「人的資本経営の実践」の順番で構成されています。

図表２－７に「人的資本経営の実践」のパートに記載の主要ＫＰＩを示しています。

図表2-6 豊田通商の「Human Capital Report 2022」

出所：豊田通商

図表2-7 AKKODiSコンサルティングの「Human Capital Report 2022」

ビジョン実現

ビジョンマッチングを通じて、組織と個人の目的整合を促し、事業加速および従業員一人ひとりのキャリア実現を両立します。

労働力、ダイバーシティ	多様な人財の特性を活かし、人財の創造と輩出を通じて、より高い成果を生み出している
生産性	人的資本への投資が事業成長につなげられている
採用・異動・退職	パフォーマンス向上のため、人財の採用・異動等が戦略的に行えている

チーム協業

活動単位をチーム協業として、個を孤立させることなく、互いに補いあい、より高い成果を生み出すことを可能にします。

リーダーシップ	多様なエンジニアを活躍させるリーダーが継続的に育成されている
スキル・能力	ビジョン実現にむけて、エンジニアのスキル・能力を高める教育が行えている
後継者育成	事業継続および発展のため、組織的な新陳代謝が機能している

チャレンジ文化

一人ひとりのチャレンジを応援する組織文化によって、やりがいを高め、共により良い社会を実現します。

組織風土	チャレンジが推奨され、ビジョン実現にむけて意欲的に働くことができる
健康・安全・幸福	働きかたの自由度が高く、健康・安全・幸福が感じられる職場である
倫理とコンプライアンス	社会実装の担い手となるべく、倫理・コンプライアンスが遵守できている

出所：AKKODiS コンサルティング

図表2-8 レクストホールディングスの「Human Capital Report 2022」

はじめに――人事理念 人事戦略
企業理念
事業概要
中期経営目標
Compliance and Ethics
Human Capital Cost
Diversity
Leadership
Culture
health, safety and well-being
Productivity
Recruitment, Mobility and Turnover
Skills and Capabilities
Succession planning
Workforce Availability

出所：レクストホールディングス株式会社

「ビジョン実現」「チーム協業」「チャレンジ文化」を、同社における人的資本経営の３つの柱としています。

「ビジョン実現」においては、「労働力、ダイバーシティ」「生産性」「採用・異動・退職」を主要ＫＰＩに、「チーム協業」においては「リーダーシップ」「スキル・能力」「後継者育成」を主要ＫＰＩに、「チャレンジ文化」においては「組織風土」「健康・安全・幸福」「倫理とコンプライアンス」を主要ＫＰＩに設定し、人的資本経営を行っています。

レクストホールディングス

レクストホールディングスの２０２２年３月期の人的資本報告書（図表２－８）は、50ページにわたるパワーポイントの資料で構成されています。

「はじめに」で人事理念と人事戦略が記載され、「企業理念」「事業概要」「中期経営目標」「人的資本経営の取り組み」の順で構成され、11の人的資本領域での各メトリックにおいて人的資本データが示されています。

第3章

人的資本経営の落とし穴

——表面的な理解では、逆効果にもなる

「開示義務化に形だけ対応すればいい」という大誤解

前章で見てきたように、資本市場や労働市場から企業に対する人的資本開示を求める動きは強くなってきており、各国・地域で人的資本開示の政策が実施されています。

日本では2023年3月期決算から、人的資本の項目における「人材育成方針」「社内環境整備方針」と、多様性の項目における「男女間賃金格差」「女性管理職比率」「男性育児休業取得率」の有価証券報告書等での開示が上場企業に義務化され、有価証券報告書の提出義務がある企業は対応に追われています。

図表3－1に有価証券報告書の情報開示の位置づけを示します。

企業の情報開示には、法定開示、適時開示、任意開示の3種類があります。

法定開示は、金融商品取引法に基づくものと、会社法に基づくものがあり、有価証券報告書は金融商品取引法に基づく企業情報の開示です。

目的は、投資家に対し、投資判断に有用な情報を開示することであり、投資家を保護することが念頭に置かれています。

図表3-1 有価証券報告書の情報開示の位置づけ

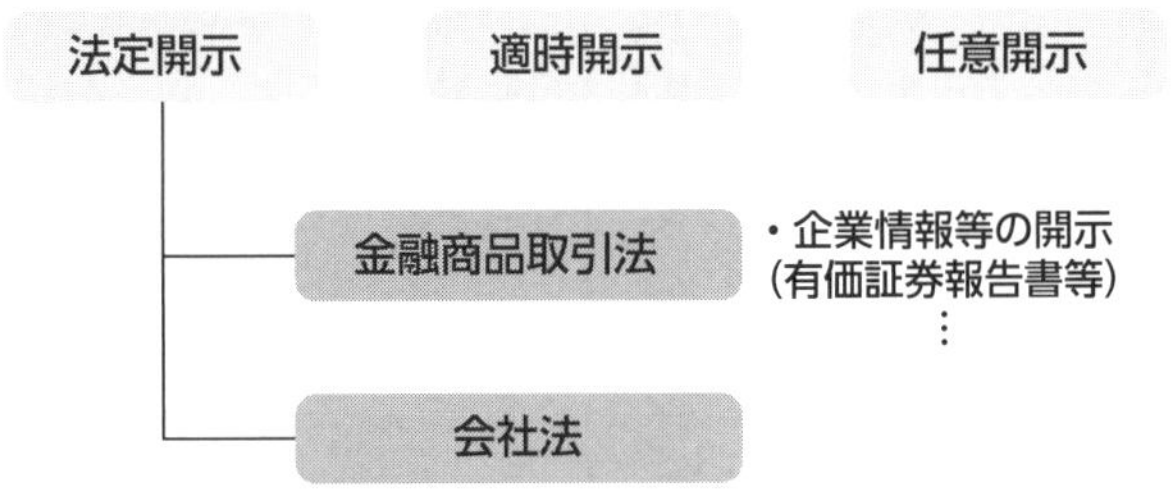

有価証券報告書は事業年度終了後３ヶ月以内に内閣総理大臣に提出する義務があり、さらに監査法人や公認会計士による監査も義務付けられています。有価証券報告書の提出義務があるのは以下の条件に当てはまる企業です。

- 金融商品取引所に上場された有価証券の発行者（上場企業）
- 店頭登録されている有価証券の発行者
- 募集または売出しにあたり有価証券届出書または発行登録追補書類を提出した有価証券の発行者
- 所有者数１０００人以上の株券や資本金５億円以上の優先出資証券の発行者、総出資総額１億円以上で所有者数５００人以上のみなし有価証券の発行者日本に金融商品取引所は、東京証券取引所、名古屋証券取引所、札幌証券取引所、福岡証券取引所、大阪取引所、東京金融取引所があり、上場企業は2023年6月時点で4000社弱存在します。つまり、約4000社の企業が有価証券報告書等において人的資本開示を行うことになります。

ただ、筆者の見立てでは、2023年6月時点で人的資本経営に真剣に取り組んでいる、または取り組もうとしている企業は全上場企業の15～20％程度で、残りの80～85％は、人的資本開示は形式的に対応しているだけだと思われます。

人事制度を変えるが中身が伴わず、従業員の不満が増加

しかし、人的資本経営に形式的に対応しただけでは、そこには必ず従業員の不満が生まれます。なぜなら、人的資本経営を行う上では、日本の古くからの働き方と折り合わない部分もあるからです。

実際に、人的資本経営が流行り出し、さまざまな企業が取り組みを始めている一方、自社の人的資本経営に対する愚痴で盛り上がるという話をよく聞きます。

人的資本経営のポイントは従業員一人ひとりの「活躍」と「成長」ですが、これは、年齢や性別や国籍等に関係なく、一人ひとりが活躍するということであり、日本の、特に大企業が従来から続けてきた年功序列の仕組みとは相入れません。

年功序列の仕組みは日本の文化に根ざしたものではなく、第二次世界大戦終戦後に作られたシステムです。戦前には、「年功序列」「終身雇用」「企業内労働組合」などは存在しなかったのですが、戦後、人手不足になり、企業側としては他の企業に逃げられないよう労働者を囲い込むために考えられたのが年功序列のシステムだといわれています。

40歳になったら課長に、50歳になったら部長になると約束し、長く勤めてもらい、定年の60歳まで面倒を見て退職金も相当額を支払いました。また、企業外の組織と結びついて何かやられてしまうと困るので、企業内労働組合を組織して労使協調関係を築いたのです。

個々人の活躍や成長を促すには、年齢とともに給与が上がる仕組みを壊して、活躍や成長する従業員に報いる仕組みに変える必要があります。

また、年功序列のシステムは海外では年齢差別といわれており、差別をなくすという意味でも年功序列制度を廃止する日本企業は増えてきました。

ただ、それを一足飛びにやってしまうと、年齢とともに給与が上がることを前提に働いてきた従業員にとっては、不満がたまることになります。

「儲けてなんぼ」という本音は変わらない

人的資本経営では、社員一人ひとりをケアしていく必要がありますが、本音では、「ケアする前に、儲けることが何より重要だ」と思っている経営者が、実際にはまだまだ多くいます。

しかし、すでにそうした考え方は、時代遅れのものになっています。なぜなら、世界の資本主義のトレンドが、「ステークホルダー資本主義」へと変化しているからです。

ステークホルダー資本主義とは、株主、顧客、取引先、従業員などの企業の利害関係者に対し、十分配慮して貢献をすべきという考え方です。

別の言い方をすると、従業員や取引先に犠牲を強いて儲けるのではなく、全てのステークホルダーを幸せにする企業経営をすべきということです。

これまで主流であった株主資本主義は株主の利益を最大化すべきという考え方であった

のに対し、ステークホルダー資本主義は対極の考え方です。

２０２０年1月に開催されたダボス会議（世界経済フォーラム）で、ステークホルダー資本主義について、以下の６つの重要項目が議題となりました。

1. エコロジー
気候変動のリスクに対処し、生物多様性を守る対策を取りながら、企業経営を進める

2. 経済
長期債務の負担を取り除き、平等な機会を与えて経済を機能させるための取り組みを考える

3. テクノロジー
第四次産業革命におけるテクノロジー展開につき、全世界からの合意を得たうえでテクノロジー戦争を回避するための取り組みを考える

4. 社会
今後10年間で10億人の人々にスキルを再取得させ、向上させるための施策を考える

5. 地政学

世界各地の紛争を解決するために、ダボス精神による非公式会合で和解を促進する

6. 産業

飛躍的なテクノロジーの変化やステークホルダーから寄せられる期待に対し、どのように企業のかじ取りを行なうのかを考える

このように、幅広い視点から見たステークホルダーにとっての幸せを考えるのが、ステークホルダー資本主義なのです。

実は、この考え方は日本企業に以前からあった「買い手よし・売り手よし・世間よし」の三方よしの考え方と共通します。

さらに、岸田政権が掲げる「新しい資本主義」も、このステークホルダー資本主義とほぼ同義であるといえます。

２０２３年6月16日に閣議決定した「経済財政運営と改革の基本方針２０２３」ではサブタイトルが「加速する新しい資本主義～未来への投資の拡大と構造的賃上げの実現～」となっており、基本的な考え方として以下のように述べられています。

岸田政権では「新しい資本主義」を掲げ、従来「コスト」と認識されてきた賃金や設備・研究開発投資などを「未来への投資」と再認識し、人への投資や国内投資を促進する政策を展開している。こうした政策展開もあいまって、30年ぶりとなる高い水準となる賃上げ、企業部門に醸成されてきた高い投資意欲など、これまでの悪循環を断ち切る挑戦が確実に動き始めている。今こそ、こうした前向きな動きを更に加速させるときである。

まず、コストの適切な転嫁を通じたマークアップの確保を行うとともに、高い賃金上昇を持続的なものとするべく、リ・スキリングによる能力向上の支援など三位一体の労働市場改革を実行し、構造的賃上げの実現を通じた賃金と物価の好循環へとつなげる。あわせて、人への投資、グリーン、経済安全保障など市場や競争に任せるだけでは過少投資となりやすい分野について、官が的を絞った公的支出を行い、これを呼び水として民間投資を拡大させる。これにより、官と民が協働して社会課題を解決しながら、それを成長のエンジンとして持続的な成長に結び付けていく。

このように日本政府も、人材育成への投資や報酬アップを通じて、ステークホルダー全員が幸せになれる形での経済成長を念頭に置いています。

ただ、政府が出しているこの考え方は、企業にとってはコストが上がるばかりで、売上や利益が伸びなければ人的資本投資を強化することは難しいのも事実でしょう。

しかし、そうした場合でも、「コストカットのために、人件費を削ろう」という発想だけではなく、「短期的にはコスト増になるが、将来的な売上・利益のために、人件費を上げる」といった選択肢を取ることができるようになるはずです。

経営陣に人を深く理解できるメンバーがいない

社員一人ひとりの活躍や成長ということを考える時には、一人ひとり性格も経験もスキルも異なるため、人というものを深く理解する必要があります。

筆者のところには時折、人事等の担当部署の人達から「うちでも人的資本経営をきっちり進めるべきだと思うのだが、社長や経営陣に進言しても理解してもらえない」という相談があります。こういった企業を見てみると、実は経営陣に人を深く理解できるメンバーがいないことが多くあります。

おそらく、顧客からいただいた仕事を、組織として粛々とこなすことを忠実に進めてきたのだと思いますが、そういった経営を進めてきたためか、従業員一人ひとりの活躍や成長などをあまり深く考えたことがないのだろうと思います。

こういった悩みは中堅・中小企業で多いのですが、実は大企業でもあります。ＣＥＯが人を理解していればいいのですが、そうでない場合は前に進みません。

またＣＥＯが「企業は人なり」と口酸っぱく言っていても、周りの役員陣が理解できていないことも多いです。筆者は、「外部から自社の役職員を刺激してほしい」ということで時折企業内での人的資本経営の講演に呼ばれます。

そういう時まずは、役員の中から人について理解できるメンバーだけで意識を共有し、その後、共通の意識をもって少しずつ他の幹部、管理職、従業員へと説明していくという進め方をすることもあります。手間はかかりますが、各自の腹落ち感を高めながら進めるには有効です。

最近は、「人間科学部」という学部をもつ大学が増えてきました。人間科学とは、「人間とは何か」という問いに対し、人文学、社会科学、自然科学のあらゆる領域からアプローチしていく学問です。

人間科学は、フランスにおいて古くから追及されてきた「シアン・ジュメンヌ（Sciences Humaines）の流れを汲み、1960年代から1980年代にかけて欧米の多くの大学で新設されました。日本では、国立大学では1972年に大阪大学、私立大学では1976年に文教大学が人間科学部を初めて新設し、その後、早稲田大学が1987年に人間科学部を新設するなど、人間科学部を設置する大学が増えてきています。

勘や経験で行ってきた人材マネジメントも、人間科学の進歩とともに、学問に裏打ちされた体系的な人材マネジメントが可能になりつつあります。いち早く人間科学を学んで社内に実装していくことが、人的資本経営で成果を挙げるために今後重要になってくるであろうと予測されます。

第4章

人的資本経営の実践

——結局、何をすればいい？

経営者は「企業は人なり」の原点に立ち戻れ

本章では、人的資本経営を実現するために、経営者や人事部視点はもちろん、管理職・マネジャー視点、従業員視点も含め、それぞれの立場からどのようなことをしなければならないかについて、お話ししたいと思います。

ここまでのお話を聞いて、特にＨＲテクノロジーなどの最新技術の活用という点に目を向けると、人的資本経営はハイレベルな難しいことのように感じられるかもしれません。しかし、何度かお話ししてきたように、人的資本経営とは多くの日本企業が随分以前から当たり前のようにいっている「企業は人なり」ということです。

「企業は人なり」とは、企業は人によって成り立っており一人ひとりが活躍して成長し、組織力が高まることによって企業も成長するということですが、実際、その意味の通りに「企業は人なり」を実践できているかということが問題です。

さまざまな企業の経営陣と議論すると、「うちでも『企業は人なり』と、これまで当たり前のように言い続けたものの、今は、一人ひとりの活躍や成長というよりも、雇用を守るという意味で使っているように思う」という話が多い。数十年も前から当たり前のように使ってきた「企業は人なり」の意味が変化してきているのです。

そういった意味では、経営者の皆様には、今一度原点に立ち返って、自社にとってのこれからの「企業は人なり」はどうあるべきかを是非考えて、経営会議等で議論を重ねていただきたいと思います。

また管理職やマネジャーの皆様には、企業は人なりを実践するために、どういうマネジメントをするべきなのかを考えていただきたいと思います。

管理職・マネジャーは「ピープルマネジメント」に注力せよ

日本の企業では、管理職やマネジャーは部下の業務の中身についてのテクニカルな指導に時間を費やすことが多いが、欧米系の企業では、業務は可能な限り部下に権限委譲をし、管理職やマネジャーは部下のピープルマネジメントに時間を費やす仕組みになっています。

ピープルマネジメントとは、一人ひとりのやる気を高めたり、活躍するためのアドバイスをしたり、キャリアのサポートをしたりといったことです。

筆者がノキアというフィンランドのグローバル企業で研究所のマネジメントをやっていた時は、「オープンドアポリシー」という会社のポリシーがあり、組織をマネージするラインのマネジャーは自分の部下がいつでも相談にこられるよう、時間の50％はオープンにして、部屋のドアを開けておくようにと会社から言われていました。

なお筆者は50％の時間を空けるまでに約1年半かかってしまいましたが、その間に、権限委譲できるよう部下を育てることと、権限委譲できる部下を採用することに努力しました。

そして、50％の時間を空けることができるようになると「暇になるのでは」と最初は思っていましたが、実際にはそれ以前より忙しくなり、ひっきりなしに部下が部屋にやってきました。さまざまな相談にこまめに乗ることで、各メンバーの生産性、組織全体のパフォーマンスが高まりました。

人事部門はデータドリブンな組織に会社を変えよ

人事部門としては、データドリブンでの人的資本経営ができる仕組みを整えてもらいたいと思います。

自社に最適なＨＣＭアプリケーションを整え、次にどんなデータ活用が重要かを常に検討し、継続的にアップデートする。そうすれば、人的資本経営の重要性が高まるとともに、取締役会や経営会議での人的資本経営に関する議論が増えていきます。

その際に、これまで蓄積してきたデータを提供することで、データに基づいた経営判断が可能になり、また、社内の従業員や社外の資本市場・労働市場にも納得感をもって説明できるようになります。

従業員には「自分自身で意思決定する力」が必要になる

人的資本経営の実践において、従業員は、自律性を高めることが求められます。

自律とは、英語では autonomy とも訳されますが、それよりも Empowerment に近い意味になります。Empowerment には「力を付けてやる」という意味もありますが、ここでは「自分で意思決定する能力をもって仕事を進める」ということです。

実際に海外では、Employee empowermentという言葉がさまざまなところで使われています。企業がいかに一人ひとりの活躍や成長に気を配ったとしても、従業員自身に自律性がないと、人的資本への投資が実ることはありません。

経営者視点——CHROを設置し、人を深く理解できるメンバーをアサインする

ここからは、具体的に人的資本経営を実践できる企業に変わるために必要な具体的方策について、お話ししていきたいと思います。

持続的に成長できる企業にするためには、経営チームがチームとして機能することが重要であるといわれています。一見、カリスマ経営者が企業をひっぱっているように見える企業でも、実際はトップを支える経営チームが機能しているから経営がうまくいっていることがほとんどです。

経営チームはCXO（Chief X Officer）で構成されます。ここで、Xにはさまざまな言葉が入ります。

x：Executive→ＣＥＯ（Chief Executive Officer：最高経営責任者）
x：Operations→ＣＯＯ（Chief Operations Officer：最高執行責任者）
x：Finance→ＣＦＯ（Chief Financial Officer：最高財務責任者）
x：Human Resources→ＣＨＲＯ（Chief Human Resources Officer：最高人事責任者）
x：Technology→ＣＴＯ（Chief Technology Officer：最高技術責任者）
x：Marketing→ＣＭＯ（Chief Marketing Officer：最高マーケティング責任者）
x：Information→ＣＩＯ（Chief Information Officer：最高情報責任者）

日本では従来、社長、副社長、専務、常務といった肩書が一般的でしたが、最近はＣxＯ制を導入する企業が増えています。

ＣＸＯ制を導入する企業では、ＣＥＯは必ず存在します。また、オペレーションに責任をもつＣＯＯを置く企業も多くあります。

ＣＦＯは、一般社団法人日本ＣＦＯ協会が２０００年頃から日本国内での普及に努め、その甲斐もあって日本企業でもＣＦＯを置く企業は多くなりました。

また、技術系の企業ではＣＴＯも置かれており、情報通信システムに責任をもつＣＩＯ

を置く企業も多くなりました。また、ＣＭＯを置く企業もよく見かけるようになりました。

ここで取り上げたいのは、もちろんＣＨＲＯ（最高人事責任者）です。

人的資本経営を実践するためには、ＣＨＲＯを置くことが重要です。しかし、日本企業でＣＨＲＯを置く企業はまだまだ少ないのが現状です。

そのため、ＣＨＲＯの普及を目的に２０１８年10月に一般社団法人日本ＣＨＲＯ協会を設立し、筆者はその理事に就任しました。

ちなみに、日本ではＣＸＯと部門長を兼務している人が多いのですが、ＣＸＯと部門長とは役割がまったく異なります。

図表４－１にＣＸＯと部門長との違いを示しました。ＣＸＯはあくまで経営チームの一員であり、経営責任はありますが部門に対する責任はありません。一方で部門長は経営チームの方針の下、部門に対する責任をもちます。

人事部門に当てはめて考えてみると、ＣＨＲＯは人事部門に対する責任はないが、人事部門長は人事部門に対する責任があります。別の言い方をすると、ＣＨＲＯは経営者として人事部門をリストラする判断も厭《いと》わないが、人事部門長は人事部門を守れるよう全力を尽くすものであり、「１８０度異なる方向を向いている」ともいえるのです。

図表4-1　CXOと部門長の違い

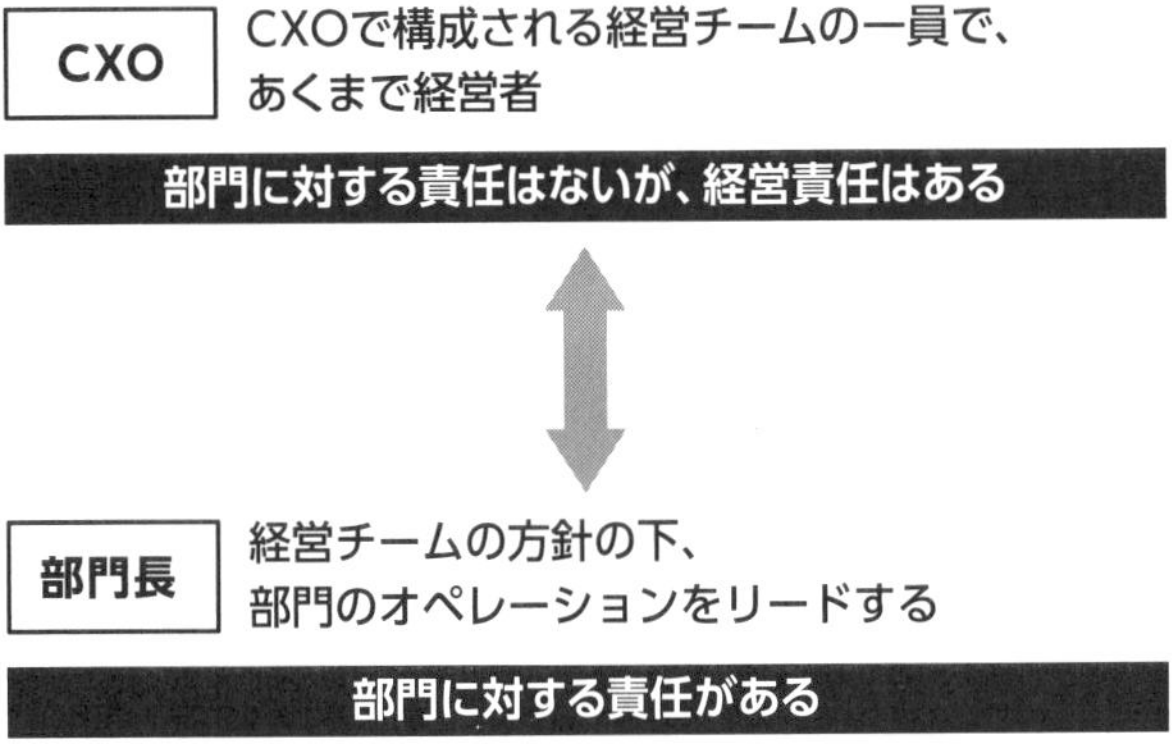
CXO
CXOで構成される経営チームの一員で、
あくまで経営者
部門に対する責任はないが、経営責任はある
部門長
経営チームの方針の下、
部門のオペレーションをリードする
部門に対する責任がある

そのため、ＣＨＲＯは必ずしも人事部門経験者である必要はありません。むしろ、人のことがよく理解できて人材マネジメントがうまく、経営者としてのスキルをもつ人をアサインする方が良いでしょう。

実際、筆者も多くのＣＨＲＯの方とお付き合いがありますが、営業のトップをしていた方や、事業部門のトップをしていた方等、人事部門経験者ではないＣＨＲＯが増えています。

勿論、人事部門経験者がＣＨＲＯになっても構わないのですが、重要なことは、人的資本経営は一人ひとりの「活躍」と「成長」を重視する経営であり、人はどうしたら活躍できるのか、どうしたら成長できるのかを理解できる人がＣＨＲＯになることです。

CEO、CFO、CHROが連携する体制を作る

人的資本データの活用が進んでいる企業では、図表４－２に示すように、Ｇ３やＧ４という経営体制を作っています。

Ｇ３とはGroup of ３の略であり、ＣＥＯ、ＣＦＯ、ＣＨＲＯの３人でグループを作ります。これにデータ基盤をサポートするＣＩＯ、ＣＤＯ、ＣＤＸＯなどが加わると４人のＣＸＯのグループということでＧ４となります。

なお、ＣＤＯはChief Data OfficerやChief Digital Officerの略であり、最高デジタル責任者を、ＣＤＸＯはChief DX Officerの略であり、最高ＤＸ（デジタルトランスフォーメーション）責任者を指します。

Ｇ３は、月に一度程度開催される経営会議とは別に頻繁に集まって図表４－３に示すように、ビジネスと組織・人材の２つの軸で議論をします。

縦軸はビジネスの課題でＣＦＯが提起します。その中で、ＣＦＯは常に財務の数字を見て定量的に議論を進めます。横軸は組織・人材に関する課題でＣＨＲＯが提起します。

図表4-2 人的資本経営を推進するための経営体制

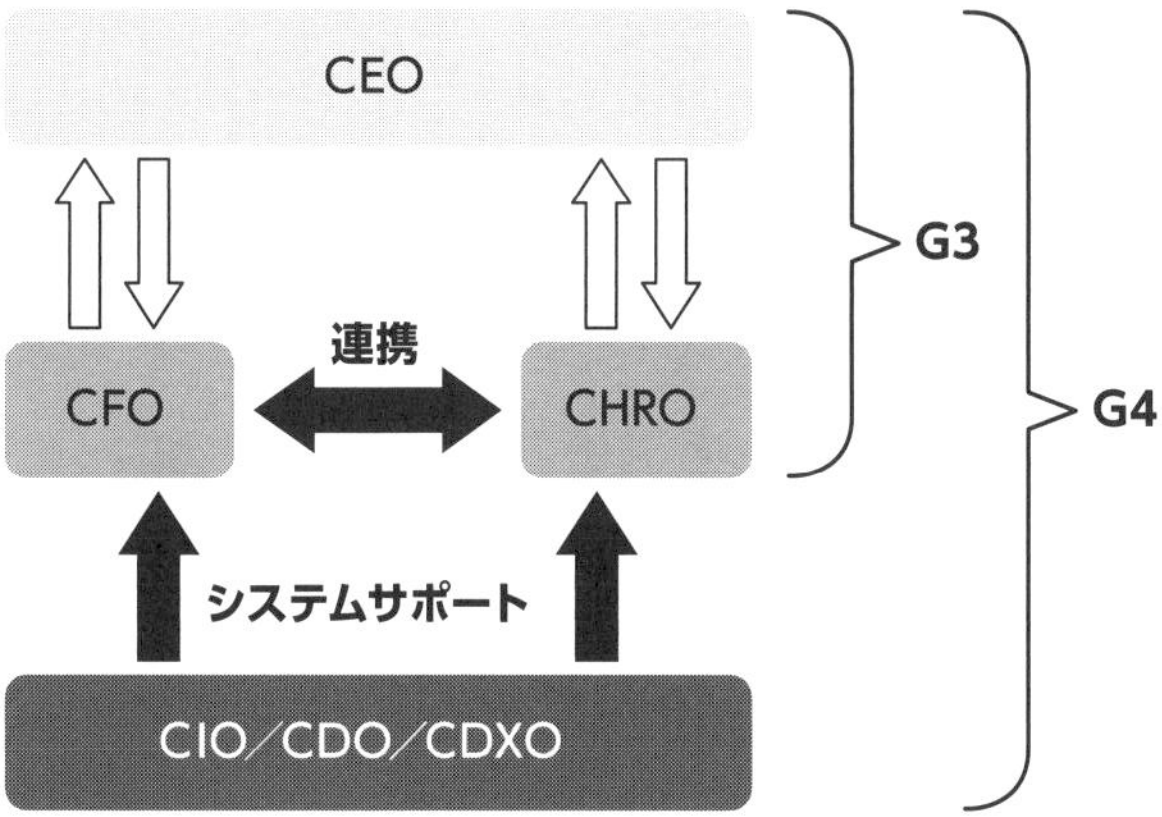

ここで大事なことは、ＣＨＲＯがＣＦＯと対等に議論をするためには、人的資本データが揃っている必要があるということです。すなわちＧ３を機能させるためには、人的資本データが揃っていることが前提となります。

もし人的資本データが揃っておらずＣＨＲＯが議論に参加できない場合、そもそも組織・人材に関する課題が出にくくなることは勿論、図表４－３のＢやＣの領域にある課題に対して正しい判断がつきにくくなるはずです。

例えば、安定した既存事業に従事している場合、ファイナンスの視点では良い状況ではあるが、働いている従業員にとっては日々の業務をこなすだけでチャレンジがなく、成長実感をもてないといったことがあります。

図表4-3 G3が議論すること

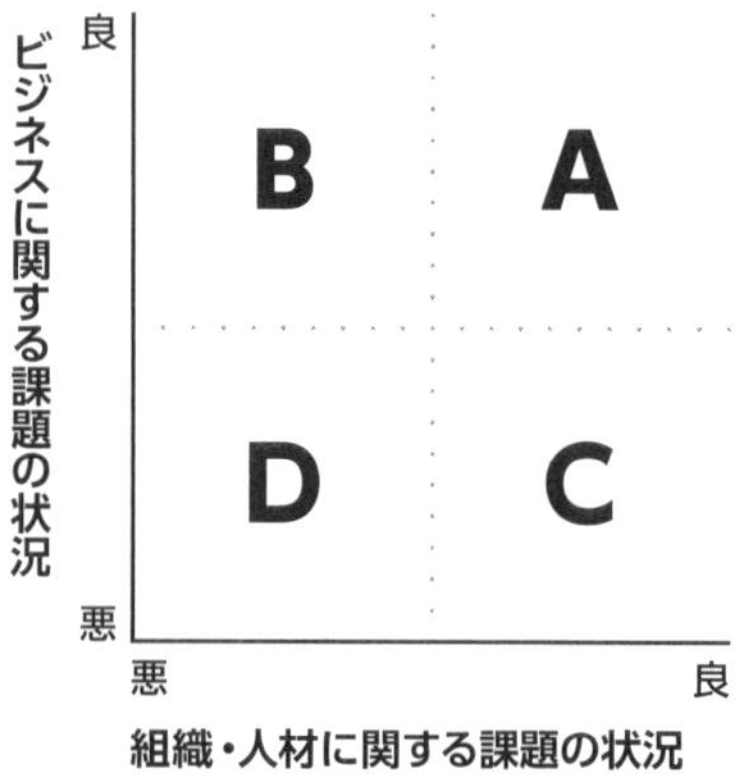

筆者はビジネススクールで教鞭をとっていますが、ビジネススクールに企業派遣で送られてきた学生が修士課程修了後に、転職や起業などをするケースが多かったりします。それは学生がBの状態＝「ビジネス上は良い状態だが、組織・人材上は悪い状態」にあり、経営がそれを認識できていないということでもあります。

逆に、Cの状況＝「ビジネス上は悪い状態だが、組織・人材上は良い状態」は、CHRO不在の場合は、明らかに悪い状況とみなされ、改善しようという経営判断になるでしょう。

しかしここで、G3がきちんと機能する体制ができていると、「財務的には良くないが組織・人材的には良い状況なので、このまま人的資本投資を継続しよう」という経営判断もありえます。

例えば、新規事業に従事していてなかなか売上が立たず、どこまで継続すべきか経営者として悩むといったことがあります。

これもＣＨＲＯの観点から見ると、新規事業に従事している人材にとっては日々チャレンジがあり、成長実感もあって、仕事を楽しく進められている場合があります。そこでＣＨＲＯが組織の状況や人材の成長の状況などをデータで把握していれば、どこまで継続するか、企業の中長期の成長に重要かといった判断がスムーズにできるのです。

筆者のドリームインキュベータ時代の大企業（製造業）の顧客でも、当時課長クラスだった従業員が買収した企業の経営を任され、数年やったが売上が立たずに最終的には撤退したということがありました。

これだけを見ると新規事業の失敗ですが、しかしその後、その従業員は社長に上り詰めたのです。買収先での経営の経験や多くの失敗経験が大きな糧になり、人的資本が高まった一例といえるでしょう。

データを活用するための情報通信システムを整える

ＩＳＯ　３０４１４では11の人的資本領域で58の人的資本メトリックが示されています

図表4-4 BIツールの概要　　出所：ラキール

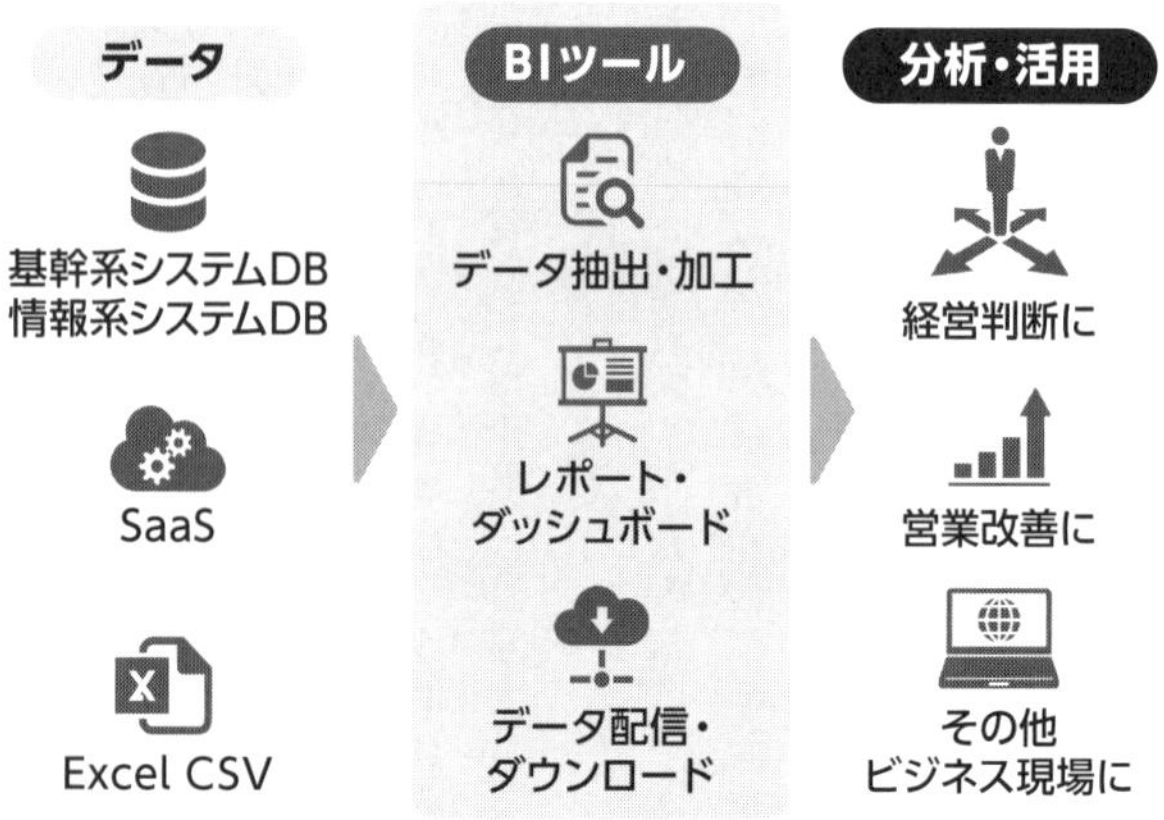

が、最低限このレベルの人的資本データは常に一覧できるようにシステムを整えておく必要があります。

ただし、人的資本メトリックは無限に考えられるので、58にこだわる必要はなく、自社にとって重要な人的資本メトリックがあれば数を増やすことは問題ありません。

さまざまなHCMアプリケーションがISO30414に対応し始めているので、そういったHCMアプリケーションを導入しても良いし、人事の情報通信システムが領域ごとにばらばらに作られていて統合できない場合は、BI（Business Intelligence）ツールなどを導入して各システムから必要なデータを引っ張ってくるという仕組みにするという手もある。

ＢＩツールとは企業が持つさまざまなデータを分析・見える化して、経営や業務に役立てるソフトウェアで、ＢＩとはビジネスの意識決定に関わる情報という意味です。図表４－４にＢＩツールの概要を示しておきます。

ＨＲＢＰ（ＨＲビジネスパートナー）を各部門に配置する

Ｇ３の意思決定を各部門での実行に落とし込むために、部門にＣＦＯに対応したＦＰ＆Ａと、ＣＨＲＯに対応したＨＲＢＰを配置することも重要です。

ＦＰ＆ＡはFinancial Planning & Analysisの略で、分析、予測、計画の策定、業務報告といった業務を通じて、経営や事業の意思決定プロセスに貢献する仕事をする人です。

財務のプロが組織している米国最大の団体であるＡＦＰ（Association for Financial Professionals）がＦＰ＆Ａに求められるスキルを体系化し、２０１４年にＦＰ＆Ａプロフェッショナルの認証（Certified Corporate FP&A Professional）を開始しました。

日本では、一般社団法人日本ＣＦＯ協会が、ＡＦＰの協力を得て、ＦＰ＆Ａを育成する

図表4-5 FP&AとHRBPの位置づけ

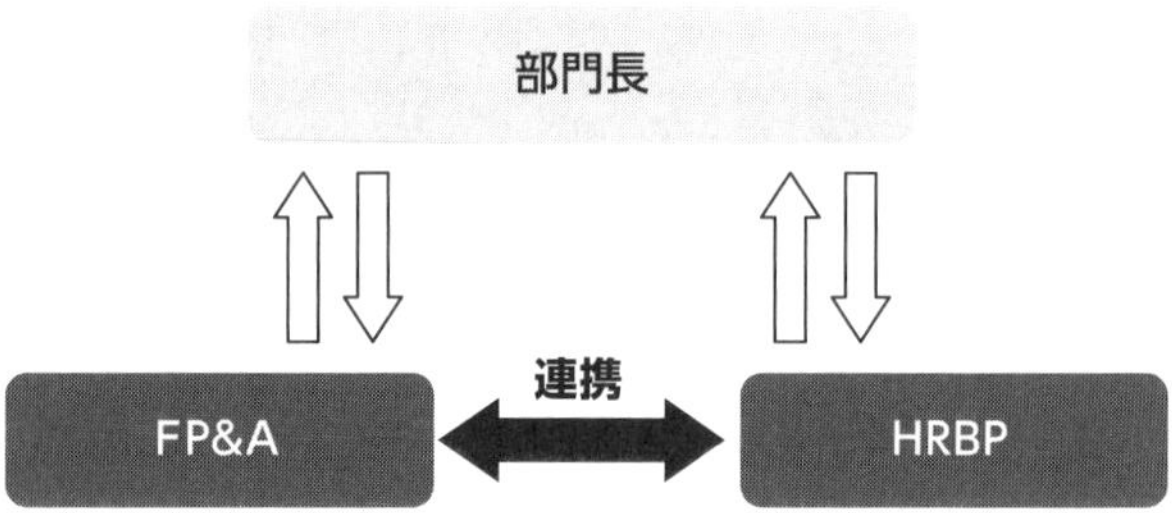

ための「ＦＰ＆Ａ検定」を開発し、２０２３年３月末時点で合計５２８名がＦＰ＆Ａ検定受験をしています。

ＨＲＢＰはHuman Resources Business Partner の略で、ＣＨＲＯの役割を部門で行う人ということになります。しかし、ＨＲＢＰはＦＰ＆Ａに比べて、まだトレーニングされた人材が少ない状況です。そこで筆者が理事を務める一般社団法人日本ＣＨＲＯ協会では、２０２１年度よりＨＲＢＰプログラム開発プロジェクトを実施しています。[4]

図表４－５にＦＰ＆ＡとＨＲＢＰの位置づけを示します。ＦＰ＆ＡとＨＲＢＰが連携して部門長をサポートします。

ここでのポイントは、ＦＰ＆ＡやＨＲＢＰが連携して部門長をサポートするものの、部門の中の財務や人事の担当ではなく、あくまで全社視点でＣＦＯやＣＨＲＯがやるべきことを部門の中で実行するということです。言い換えれば、部門最適ではなく全社最適のための仕事をする。

例えば、部門の中のハイパフォーマーがいたとして、全社視点では、他部門を経験してもらった方が本人にとっても企業にとっても将来のためになるということがあった場合、部門最適を考えると、ハイパフォーマーを他部門へは出したくないが、ＨＲＢＰの立場で

4　２０２１年度の第一フェーズでは、ＨＲＢＰプログラム開発プロジェクトの委員会に人事の幹部の方々約20名に参加いただき、加えて、ＨＲＢＰ機能の導入に関心の高い人事部門の方々もオブザーバーとして参加いただき、２０２１年1月から7月にかけ全6回の委員会を開催し、成果物として「ＨＲＢＰベストプラクティス」を策定し、公表しました。
２０２２年度の第二フェーズ（「ＨＲＢＰプログラム開発プロジェクト2・0」）では、第一フェーズで策定した「ＨＲＢＰベストプラクティス」をベースに、ＨＲＢＰ体制や選任の方法、育成・研修プログラムやアセスメントなど、経営の現場でより役に立てるプログラムの開発を目指してスタートしました。

ＨＲＢＰが経営・事業戦略の実現に貢献するという観点より、経営者視点、グローバル視点、資本市場視点の3点をより強く取り込む他、ビジネスパートナーとしてＨＲＢＰと並ぶ両輪として位置づけられるＦＰ＆Ａとの連携を図ることで、人事領域に閉ざすことなく、コーポレート機能が果たすべきビジネスパートナー機能の一部としてＨＲＢＰをより有効な機能にしていくことを目指しました。

全7回の会合による積極的な意見交換に加え、委員の方々による作業努力により、「ＨＲＢＰ職務記述書」をリリースしました。

は、全社最適を考えて、そのハイパフォーマーを他部門へ異動するよう部門長に進言するといったことが考えられます。

管理職・マネジャー視点——管理職のピープルマネジメント力を高める、または、ピープルマネジメント力があることを管理職になる条件にする

ここからは管理職・マネジャー目線でのお話をしていきたいと思います。

部下一人ひとりの活躍と成長を促進するためには、管理職のピープルマネジメント力を高めることが重要です。

日本企業の管理職は、部下に日々の業務におけるテクニカルな指導をすることに時間を費やしがちですが、欧米の外資系企業ではピープルマネジメントに時間を費やすことを経営から求められます。

管理職は外資系では「ラインマネージャー」と呼ばれます。筆者はノキアというフィンランドの企業でラインマネージャーをした経験がありますが、「ジョブディスクリプション（ジョブ記述書）を明確にし、個々人に仕事を任せられるようにする」「自分にできない

ことができる人を部下として雇え」ということなどを叩き込まれました。

「オープンドアポリシー」についても先に述べましたが、50％の時間をオープンにして、自分の部屋もオープンにすると、部下がひっきりなしにさまざまな相談をしにくるようになり、各自がいかにすれば活躍できるのか、いかにすれば成長できるのかといったことにより時間を費やすことができます。

また、それによって、それまで気づかなかった組織の課題がいろいろと見えるようになりました。たとえるなら、三遊間に抜けるようなボールに対し、事前に対処することができるようになったような感覚です。結果的に組織の生産性が高まりました。

ちなみに、最近、日本でも「ジョブ型」にシフトする企業が増えてきました。ジョブ型にすると、ジョブディスクリプションで文書化した仕事しかしなくなり、日本企業の良さがなくなるという批判が時折聞かれるのですが、これはジョブ型だからそうなるのではなく、ジョブディスクリプションの書き方の問題です。

ノキアでは、数十％の比率で「組織の三遊間のボールを拾いに行く」というジョブを記述して、文書化した仕事しかしないということを回避していました。

日本企業も、今後の事業ポートフォリオの変化によりプロフェッショナル型の組織にシフトしていくことが想像されます。各プロフェッショナルを最大限に活かすには、管理職はテクニカルなスキルではなく、ピープルマネジメントのスキルを鍛える必要があります。

ピープルマネジメント力はトレーニングによって鍛えられるところもありますが、元々もっているスキルに依存する要素も大きいため、管理職の選定の際の条件にすることも必要です。

ノキアでは、新卒も中途も入社した時点から、ピープルマネジメント力があるかどうかの見極めを行っていました。それは、筆者もラインマネージャーに就任する前に見極められていたということですが、ピープルマネジメント力があると判断されれば、組織の幹部に認められ、ラインマネージャー候補に名前が連ねられ、20代後半ぐらいで、日本企業でいう部長クラスに抜擢されます。

30代では組織のマネジメントをやり、実績を上げると早い人で40歳前後で、経営幹部になります。筆者の経験を今振り返ってみると、ＩＳＯ　３０４１４に示されているリーダーの後継者計画が体系的に行われていたのだな、と感心します。

では今、日本企業の管理職・マネジャーになっている読者の皆さんはどうすべきでしょうか。

最初に、部下に権限を委譲していくことを強く意識することです。権限を委譲するとは、単純に権限を与えることではなく、部下に任せられる仕事と、まだ任せられなくてサポートが必要な仕事を整理し、任せられる仕事については完全に任せてしまい、サポートが必要な仕事についてはどうしたら任せられるようになるか考えて少しずつサポートを減らしていくようにして、徐々に権限を委譲するようにします。山本五十六の「やってみせ、言って聞かせてさせてみて、ほめてやらねば人は動かじ」という名言がありますが、このプロセスを経て「やらせてみる」仕事を増やしていきます。そして、部下に任せられる部分を増やしていき、管理職・マネジャーが現場の実務に費やす時間を減らしていく。日本企業では、部下の仕事に必要以上に介入するプレイングマネジャーが多い傾向がありますが、プレイングマネジャーから少しずつ脱却していくようにします。

次に、部下一人ひとりの活躍や成長について深く考えます。各自に与えている仕事において十分な成果を挙げるためにどういうサポートをすれば良いか、その仕事で成果を挙げることによってどういう能力が身についていくか、そして、今後どのように成長していくのが各自にとってベストなのかを考え、部下との議論を通して、最適解を見出していきます。当然、100％正しい答は見出せませんが、こういったことに対して議論を重ねることが重要です。コロナ禍に入ってから上司と部下とで1on1ミーティングを定期的に実施する企業が増えてきましたが、1on1ミーティングの機会を活用してこれらの議論を進めるのも良いでしょう。

また最近は、管理職・マネジャーのピープルマネジメント力を高めるための研修を強化する企業も増えています。そういった研修の機会などを活用して、ピープルマネジメント力を体系的に高めていくと良いでしょう。日本のスポーツの世界でも、ピープルマネジメントがうまい監督やヘッドコーチが増え、彼らのマネジメントにより世界で戦えるスポーツが増えていますが、ピープルマネジメントがうまい監督やヘッドコーチがどのように選手をマネジメントしているかなども非常に参考になります。

さらに、人的資本について開示をしている企業の統合報告書には、「プロフェッショナル」というワードが並ぶことも増えています。これからのビジネスを考えた時に、個々の従業員に「プロフェッショナル」になるよう求める企業も増えており、このような従業員にプロフェッショナリズムを求める企業においてはプロスポーツのマネジメントと共通する部分は多いでしょう。

従業員視点――自律性を高める

本章の最後に、従業員の目線で人的資本経営をどう捉えるかについて、お話ししていきたいと思います。

人的資本経営は、経営や管理職のリーダーシップはもちろん重要ですが、従業員自身が活躍や成長をする意思がないとどうにもなりません。そのため、従業員の自律性を高めることが求められます。

コロナ禍は、その従業員の自律性を高めることの必要性を知らしめた良いきっかけになったと思います。筆者は2020年に立ち上がった日本の大企業9社で構成される「ニューノーマルな働き方協創コミュニティ」のアドバイザーを務めました。

参加企業は、株式会社オカムラ、KDDI株式会社、西部ガスホールディングス株式会社、サントリーホールディングス株式会社、株式会社セブン‐イレブン・ジャパン、株式会社三菱UFJ銀行、ライオン株式会社、株式会社リクルートマネジメントソリューションズ、株式会社日立製作所の9社です。

このコミュニティでは2020年10月から2022年3月にかけて、合計14回のミーティングを実施し、ポストコロナにおけるニューノーマルな働き方がどうあるべきかを議論しました。議論した内容をまとめた報告書は2022年5月に「ニューノーマルな働き方協創コミュニティレポート」というタイトルで日立製作所のウェブサイトで公表されました。この報告書は以下の3つの観点でまとめられています。

1. イノベーション創出に向けたコミュニケーション
2. 自律的な働き方に向けた効果的なマネジメント
3. 「タテ」「ヨコ・ナナメ」「社外」におけるつながりの強化

この3つの観点での議論で、共通した軸が「自律」でした。

報告書の中では、個々の従業員の自律性を高めるために、どのようなマネジメントをするべきか、コミュニケーションをどのように促進すべきかを整理しています。

自律行動を促進するためには、他人に頼らず自分の判断で決める「セルフマネジメント」、自分の考えや行動が世の中のためになるか、会社の理念・方針に沿っているかを考える「公共善の意識」、会社の理念・方針など「公共善の判断材料の提供」と本人の意思決定後の「行動のサポート」をする組織・上司による「自律支援型のマネジメント」がキーとなります。

では今、日本企業の従業員として働いている読者の皆さんはどうすべきでしょうか。

まずは、自身のキャリアについて自律的に考えることを習慣化することです。大企業に就職すると定年まで働ける時代が長く続いたこともあり、また学校教育においても自身のキャリアについて考える習慣が身につくような教育を受けた人は少ないですが、人生１００年時代ということを理解して、人生設計とともにキャリア設計をすることの必要性を自覚しましょう、最近は、個々の従業員のキャリアサポートを強化している企業も増えてきたので、そういった機会も積極的に活用していくと良いでしょう。

今、勤めている企業の中においては、自身の業務だけでなく、企業全体の業務について理解するように努め、将来どのような仕事の可能性があり、その中でどの仕事につきたいかを普段から考えるようにしましょう。将来何をやりたいかの答がないという人もいるかと思いますが、明確な答が出ていなくても考えをめぐらすことが重要で、普段から考えをめぐらすことで、何かの機会があった時に対応ができるようになります。

また、最近は副業を許容する企業も増えていますし、レンタル移籍などの制度を導入する企業も増えています。他社での仕事の経験などを通して、自身のキャリアの可能性の幅を広げることも良いでしょう。他にも、従業員とアルムナイ（卒業生）との交流を活発化させている企業も増えています。自社の中でキャリアが設計できない場合にはそういった機会を活用すると良いでしょう。

一つ注意すべき点は、「青い鳥症候群」にならないことです。「青い鳥症候群」は、モーリス・メーテルリンク作の『青い鳥』の中で「主人公のチルチルとミチルが幸せの象徴である青い鳥を探しに行きますが、意外と幸せの青い鳥は身近にいることに気づかされる」ことから、「今よりもっといい人が現れる」、「今よりもっといい仕事が見つかる」など現実を直視せず根拠のない「青い鳥」を探し続ける人達を指す通俗的な呼称ですが、今の仕事が仮にやりたい仕事ではなくても、その仕事で培った能力が将来のある仕事で役に立つということがよくあります。したがって、今、企業から与えられている仕事を誠心誠意務めることも自身のキャリアにとって重要であることを理解しておくと良いでしょう。

自身の「やりたいこと」を自律的に考えることと同時に、「できること」を増やしていくこともキャリア形成には重要です。「やりたいこと」と「できること」を両立するのは簡単ではないので、特に若い頃は「できること」を徹底的に増やしていくことです。それが、将来の「やりたいこと」につながることもよくあります。

第5章

人的資本経営の現状

——海外企業と日本企業

海外企業の人的資本経営の状況

海外、特に欧米の企業では、統合型のHCMアプリケーションの活用が進んでいることもあり、人的資本データの活用は日本企業に比べて大きく進んでいます。

人的資本データ活用のレベルは4つに分けられるといわれています。図表5-1に人的資本データ活用の4つのレベルを示しました。

左から右にレベル1、レベル2、レベル3、レベル4と進みます。

レベル1では、ISOが示す測定基準等を参考に人的資本をデータ化し、BI（Business Intelligence）ツールなどを活用して図に表す等を行って、ダッシュボードに人的資本データを表示します。

レベル2に上がると、さまざまなメトリックの中から重要なメトリック、あるいはKPIを設定し、ベンチマークをしながら各メトリックやKPIの目標値を設定して目標達成に向けたアクションを取ります。

レベル3では、多次元分析等でさまざまなメトリックやKPIの間の関係性を明確に

図表5-1 人的資本データ活用の4つのレベル

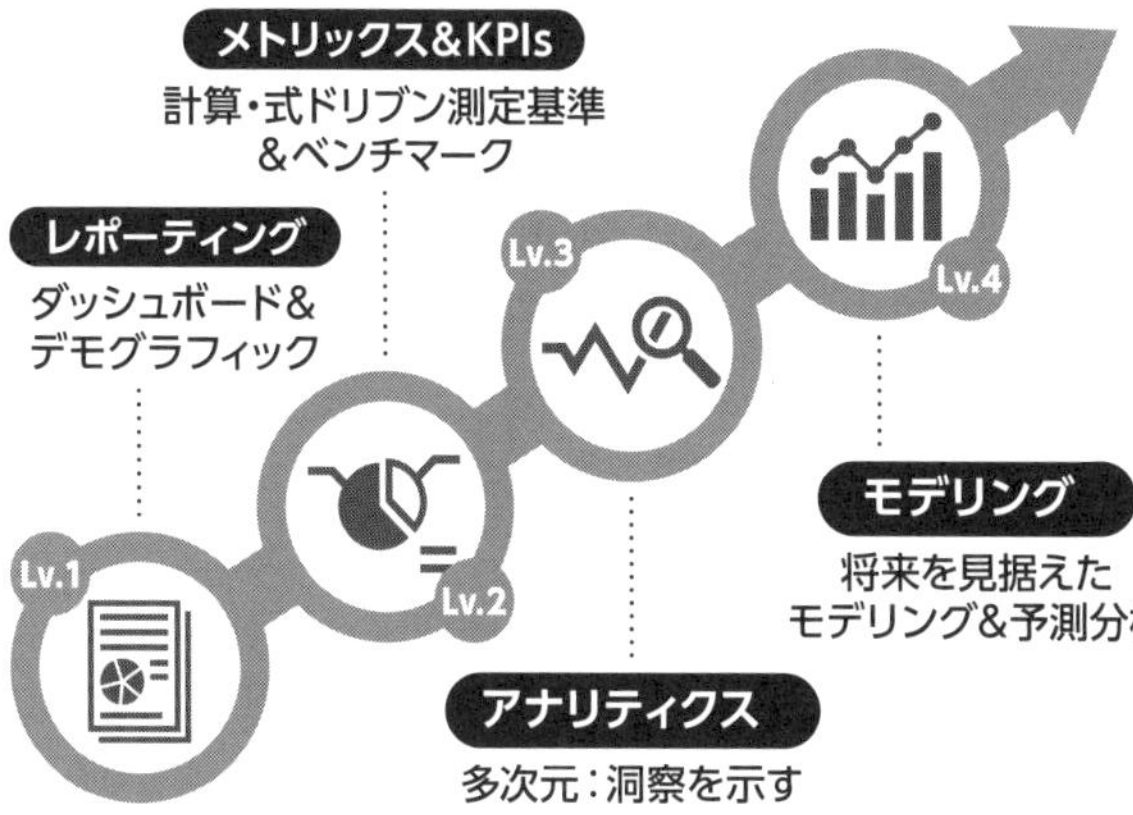

し、どのメトリック、あるいはＫＰＩに取り組めば最終的に業績が向上するかを体系化して経営を行います。

レベル４になると、蓄積されたビッグデータからモデリングをして予測分析ができるようになります。

図表５－２に人的資本データを活用した人的資本経営におけるＫＧＩとＫＰＩの関係のイメージを示します。ＫＧＩはKey Goal Indicator の略で重要目標達成指標を意味します。ＫＧＩには企業の業績や持続的成長力を示す指標が使われます。企業の持続的成長を実現するＫＧＩが何かを人的資本データで明確にした上で主要ＫＰＩを設定し、人的資本経営を行います。

図表5-2 人的資本経営におけるKGIとKPIの関係のイメージ

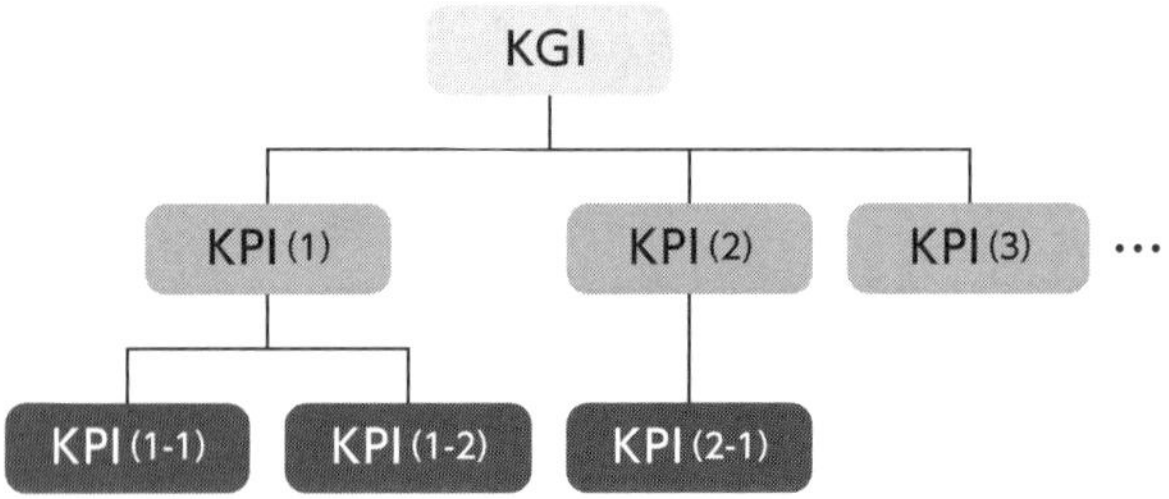

海外企業の先進事例は多くありますが、本書では、特徴的な例として、ドイツのＳＡＰとドイツ銀行の事例を記します。両社ともＩＳＯ／ＴＣ　２６０における国際規格開発にリーダー的立場で関わっています。

ＳＡＰ

ＳＡＰはドイツに本社を置くソフトウェアの巨大ＩＴベンダーです。経営資源の統合的経営管理手法の実現を支援する統合基幹業務システムをＥＲＰと呼びますが、ＳＡＰは世界最大のシェアを誇っています。

ＳＡＰは統合報告書の中で人的資本報告を行っています。ＳＡＰの２０２２年12月の統合報告書は３３５ページあり、人的資本についてもＩＳＯ　３０４１４に準拠した形で報告されています。

ＳＡＰでは図表５－３に示すように7つの人的資本Ｋ

図表5-3 SAPの人的資本KPI

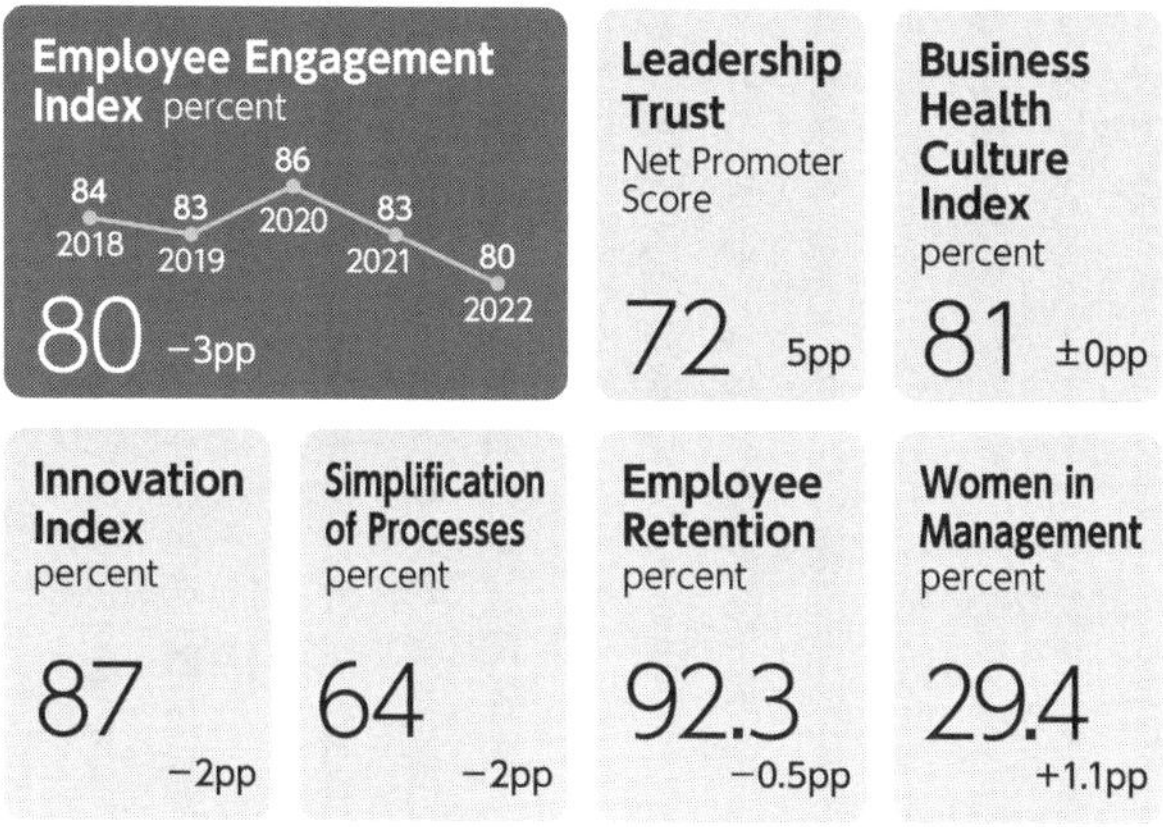

ＰＩを設定しており、これらのＫＰＩと業績との関係性もデータが蓄積されています。

従業員エンゲージメント指数（Employee Engagement Index）はパーセンテージでデータ化されており、時系列での変化が示されています。

リーダーシップへの信用（Leadership Trust）はＮＰＳ（Net Promoter Score：ネットプロモータースコア）で測定しています。

ＮＰＳはフレッド・ライクヘルドが提唱した顧客ロイヤルティや顧客の継続利用意向を知るための指標ですが、この手法をリーダーシップへの信用を測るために用いています。

「0～10点で表すとして、このリーダーを親しい友人や同僚に勧める可能性はどのくらいありますか?」という質問に対し、10〜9点を推奨者(Promoter)、8〜7点を中立者(Passive)、6〜0点を批判者(Detractor)として点数付けをします。

ＢＨＣＩ(Business Health Culture Index)は企業の健康文化度合いを表す指標であり、パーセンテージで示されています。

２０１８年度の統合報告書では、ＢＨＣＩが1%向上することで営業利益が９０００万米ドル〜1億米ドル変化することが示され、２０１３年は69%だったＢＨＣＩが２０１８年には78%になり、それに応じて営業利益が増加したことが示されました。

イノベーション指数(Innovation Index)も測定しており、パーセンテージで示されています。プロセスの簡素化(Simplification of Processes)という指標も設定されており、これもパーセンテージで示されています。従業員のリテンション(Employee Retention)と女性管理職比率(Women in Management)もパーセンテージで示されています。

ドイツ銀行

ドイチェ・アセット・マネジメントが２０２０年10月にＩＳＯ ３０４１４認証を取得した後、親会社のドイツ銀行もＩＳＯ ３０４１４認証を取得し、ＩＳＯ ３０４１４に準拠した人的資本報告書を公表しました。

ドイツ銀行の人的資本報告書のタイトルは「Human Resources Report」であり、２０２２年度は３年目のＩＳＯ　３０４１４に準拠した「Human Resources Report 2022」を公表しています。

ドイツ銀行は経営戦略と連動した人材戦略の４つの柱に対し、７つの章立てでHuman Resources Report 2022を構成しています。章立ては図表５－４の通りです。

以下、少し詳しくなりますが、それぞれの章でドイツ銀行がどんな基準で人的資本開示を行っているか、解説したいと思います。

第１章（柱①）では自社のワークフォースの構成等の基本情報に加え、人的資本ＲＯＩが示されています。人的資本ＲＯＩはＩＳＯ　３０４１４の生産性の領域のメトリックの一つであり、「人件費に対して、何％の利益を創出できているか」を示したものです。

人的資本ＲＯＩの計算式は、以下の通りです。

人的資本ＲＯＩ＝｛売上高－《マイナス》（総経費－《マイナス》人件費）｝÷人件費－《マイナス》１

図表5-4 ドイツ銀行における4つの人材戦略

ワークフォースを将来のニーズに適合させる
(Align workforce to future needs)

第1章	我々のワークフォース一覧 (Our workforce at a glance)
第2章	ハイブリッドワークとそれを超えて (Hybrid working and beyond)

全てのリーダーが将来を導けるようにする
(Enable all leaders to lead the future)

第3章	我々のリーダーシップDNA (Our leadership DNA)
第4章	多様性・公平性・包括性 DEI (Diversity, Equity and Inclusion)

全ての従業員のポテンシャルを解放する
(Unleash potential of all employees)

第5章	キャリアの開始と異動 (Career start and mobility)
第6章	我々の学習文化 (Our learning culture)

銀行の安全を維持する (Keep the bank safe)

第7章	成果に対する報酬 (Rewarding performance)

人件費には、給与、報酬に加えて、社会保険料や福利厚生費など、人を雇うとかかる経費が全て含まれます。（総経費 −《マイナス》 人件費）はサプライヤーに支払う経費など、人以外でかかる経費を表します。

ドイツ銀行の人的資本ＲＯＩは、２０２０年度は26・9％、２０２１年度は37・5％、２０２２年度は63・7％と、年々向上しています。

人的資本ＲＯＩが高くなければ、分母の人件費を上げることができません。人的資本ＲＯＩを高めるには、分母の人件費を抑えるという手段もありますが、それだと従業員のモチベーションも高まらず持続的な成長を実現するのは難しい。

従って、短期的にはコスト増になるが、分母の人件費を上げることで売上高を持続的に上げていくというふうに発想を変えることが求められます。

また、ドイツ銀行では、ＦＴＥ当たりの売上高も開示しています。ＦＴＥとはFull-Time Equivalent の略で、パートタイムスタッフの仕事を、フルタイム換算した時の社員数を指します。

例えば、フルタイムスタッフの総労働時間の50％働くパートタイムスタッフは、ＦＴＥ

換算にすると「2人でフルタイム1人分」となります。20％働くパートタイムスタッフは、FTE換算にすると「5人でフルタイム1人分」となります。

したがって、FTE当たりの売上高は、人的生産性をより正確に表した指標といえます。ドイツ銀行のFTE当たりの売上高は、2020年度は277キロユーロ、2021年度は301・4キロユーロ、2022年度は325・1キロユーロと向上しており、生産性が高まっていることがわかります。

第2章（柱①）では、ウェルビーイングのサポートについて記載されています。ギャラップが2010年に、ウェルビーイングは以下の5つの要素で構成されると発表しました（Tom Rath and Jim Harter, The Five Essential Elements of Well-Being, Gallup, May 2010.）。

- **キャリアウェルビーイング**
自分の時間の大半を占めること（仕事、ボランティア活動、趣味、子育て、勉強など）を楽しんでいる、情熱をもって取り組んでいる
- **ソーシャルウェルビーイング**

強い信頼と愛情でつながる良好な人間関係を持っている

- **フィナンシャルウェルビーイング**

経済的に安定している、効率的・効果的に資産の管理や活用ができている

- **フィジカルウェルビーイング**

心身ともに健康でいきいきとしている、日常的な活動に対する十分なエネルギーがある

- **コミュニティウェルビーイング**

地域社会に貢献している、住んでいる地域に深く根をおろして、つながっている感覚がある

ドイツ銀行は、ウェルビーイングの要素として4つの項目を挙げ、そのサポートを強化しています。図表5－5にドイツ銀行のウェルビーイングの施策を示しています。心身の健康、フィナンシャルな安心感、社会的つながりなど、トータルに従業員のウェルビーイングをサポートしていることがわかります。

第3章（柱②）では、リーダーシップDNAについて報告されています。

図表5-5 ドイツ銀行のウェルビーイングの施策

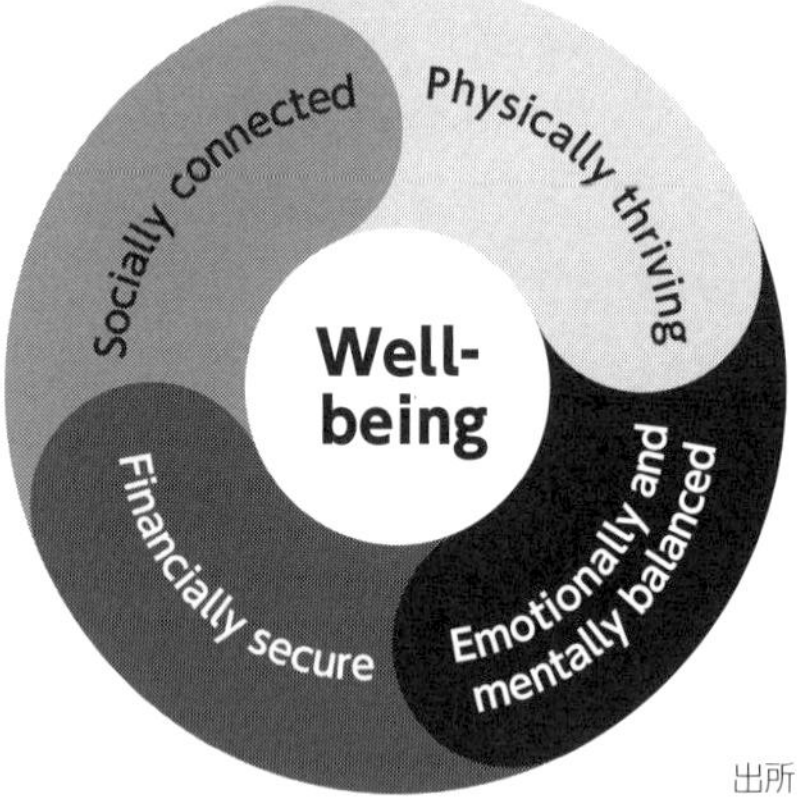

出所：ドイツ銀行

２０２２年には、「Leadership Kompass」というリーダーに期待する行動を体系化したものを策定しました。ＩＳＯ ３０４１４のリーダーシップや後継者計画の領域のデータも示されています。

第4章（柱②）はＤＥＩについて述べられています。

ＤＥＩのＤはダイバーシティで多様性を意味し、Ｉはインクルージョンで包摂を意味します。ＥはEquity（エクイティ）であり、Equalityとは少し意味が異なります。

Equalityは「平等」に近い概念ですが、ここで述べているEquityは「公平」に近い概念です。

例えば、Equalityは全ての従業員に同じサポートをすることを指しますが、Equity に基づけば、ハンディキャップのある従業員にはハンディキャップを解消するサポートを付加的に行うといった行動を取るようになります。

そのため、Equity はハンディキャップのない人にとっては不平等と感じることもありますが、多様な人材を包摂するためには、Equity は重要であり、これを重視する企業も増えてきました。

ドイツ銀行ではＤＥＩのビジョンとして以下の４つを定めて実行しています。

・高い所属意識をもてる（Our people feel a sense of belonging.）

特性が異なるさまざまな従業員が居心地よく感じるようなマネジメントや組織文化を作ります。

ちなみに、所属意識という言葉だけを捉えると、日本企業の社員は所属意識が高い人が多いと思われますが、これは同質の人達の集団における所属意識であり、ダイバーシティの文脈では、異質な人達の集合体でも所属意識が高く持てることを意味します。したがって、そういう意味では所属意識の高い日本企業はあまり多くないのではないだろうかと思われます。

・高い成果を出すチームは異なるスキル、バックグラウンド、経験をもった人材が集まっている（High-performing teams have different skills, backgrounds, and experiences.）

ダイバーシティは大きく、デモグラフィックダイバーシティとコグニティブダイバーシティに分けられます。

デモグラフィックダイバーシティは「人口統計学的多様性」のことであり、性別、年齢、人種などのダイバーシティを指します。これは差別をなくすという意味では重要ですが、企業の業績とは相関がないといわれています。

一方、コグニティブダイバーシティは「認知的多様性」のことであり、異なる思考特性、スキル、経験をもつ人達のダイバーシティを指します。これは組織のパフォーマンスや企業の業績に相関するといわれています。

ドイツ銀行は、デモグラフィックダイバーシティだけでなく、コグニティブダイバーシティにも力を入れることで、イノベーティブな組織作りを行っています。

・リーダーはより公平な環境を創る（Our leaders create a more equitable environment.）

女性活躍や障がい者活躍を実現するためには、Equityを強化することが重要であり、リーダーは常に公平な環境を整えることに努力します。

- **ダイバーシティとインクルージョンはビジネスに必須である（Diversity and inclusion are business imperatives.）**

ダイバーシティとインクルージョンはビジネスの成長と社会の進歩を両立させるためにも必須となっています。

第５章と第６章（ともに柱③）は、従業員に着目したものです。

第５章ではキャリアのスタートや社内異動について述べられています。空きポジションに対する内部異動率が１００％でない場合は、外部から採用する必要があり、採用ブランドを高めることを重要視しています。また、大学生のインターン等も増やし、多様な若い人材に魅力を感じてもらう取り組みも強化しています。

第６章では学習文化について述べられています。学習にかける費用やＦＴＥ当たりの学習費用などが公表されています。

第７章（柱④）は、銀行の安全を維持するということで、成果に対する報酬について述べられています。「感謝」「公正」「オープンな会話」「成果に連動した報酬」を当たり前と思う企業文化作りをしています。

そのために、「全ての人が何を期待されているか知っている」「全ての人の貢献が常に認識されている」「全ての人が、成果が悪い時に適切に指摘される」「全ての人が自分の成果が開発、進歩向上、報酬にリンクしていることを知っている」という状態にする努力を行っています。

以上がドイツ銀行における「人的資本開示」になります。

人的資本経営の先駆けとされるドイツ銀行では、ＩＳＯ　３０４１４のメトリックに基づき、自分たちの会社が重視する人的資本をこれだけ社内外に示しているのです。

日本企業の人的資本経営の状況

ここからは日本企業の人的資本経営の状況についてお話ししていきます。

現在、上場企業約４０００社のうち、15～20％は人的資本経営の実現や人的資本の開示に真剣に取り組み始めていますが、残りの80～85％の企業は、何をすればいいのかよくわからない、というのが実情でしょう。

人的資本経営は、平たく表現すると、「一人ひとりが活躍して成長し、組織力を高めることによって企業が持続的に成長する」経営であり、これを以前から実践している企業にとっては、人的資本経営は当たり前の経営ということになります。

一方で、一人ひとりの従業員の活躍や成長を意識せず、顧客から受注する仕事を、工場の設備と同じように粛々とこなしているだけの企業にとっては、人的資本経営の実践は経営のあり方の大きなパラダイムシフトになります。

2022年5月に経済産業省が公表した「人的資本経営の実現に向けた検討会　報告書～人材版伊藤レポート2・0～　実践事例集」では、19社の先進事例が紹介されています。少し長くなりますが、19社の人的資本経営のサマリーを以下に記したいと思います。[5]

旭化成

経営戦略の実現に必要な人財ポートフォリオの構築のために、採用すべき人財の質と量

5　企業によっては「人材」を「人財」と表記するケースもあり、そのまま記載しています。言葉の定義からすると、人材の「材」には才能の意味もあるため、「人材」はタレントを意味します。「人財」は人を財産と捉える考え方から使われており、英語にすると、Human Asset（ヒューマンアセット）ということになります。

を、事業軸と機能軸の両面から、毎年全社的に洗い出している。

採用や育成で確保できない人財は、M&Aを通じた人財獲得や、コーポレートベンチャーキャピタルや少額投資を通じた企業とのコネクション強化で対応している。

アステラス製薬

経営陣と共に組織健全性に関する目標を設定し、HRデータの分析・経営陣への提示、事業リーダーの開発支援を通じて、人事が「経営層や事業部門と共に戦略を実現する」体制に着実に移行している。

伊藤忠商事

持続的な成長に必要な人材戦略を特定し、期待される成果を開示している。

また、「労働生産性」が着実に向上している点を学生へ積極的に発信している。

荏原製作所

外部研究機関との共同研究や、学術分野からの専門家の招聘、退職者とのネットワーク形成等、社外人材の専門性を事業運営に活かし、知・経験のダイバーシティを向上させている。

オムロン

社員が企業理念を体現した実例をグローバル全社で共有し合い、理念を浸透させている。

また、人事が「企業の付加価値に責任を持つ」姿勢で、人財育成やエンゲージメント向上を実施している。

花王

ＫＰＩに基づいた目標管理・評価制度を改め、「ありたい姿や理想に近づくための高く挑戦的な目標」としてＯＫＲ（Objectives & Key Results）を導入した。

社員が自ら掲げる大きな目標への挑戦を通じて、一人ひとりが成長し、結果的に会社の成長や社会に貢献することを企図している。

キリンホールディングス

経営戦略に基づいて人材戦略を発想するのではなく、人材の持つ強みを生かしてヘルスサイエンス領域へ参入したように、人材戦略から経営戦略を生み出す発想を持っている。

ＫＤＤＩ

専門人材の採用や、意向に沿った配置によるエンゲージメント向上のため、新卒採用で初期配属領域を確約するＷＩＬＬコースを導入した。

通年採用・入社で留学生等を積極的に受け入れている。

サイバーエージェント

広告事業で培った「結果を出す」コアスキルを鍵とし、新卒社長、経営チームへの次世代抜擢、社外人材も活用した組織的リスキルで、継続的な事業拡大（メディア・ゲーム・テレビ）を実現している。

双日

人材戦略の３つの柱（「多様性を活かす」「挑戦を促す」「成長を実感できる」）に定量的なＫＰＩを連動させ、独立起業・副業の支援、新規事業コンテスト等の実践を行っている。

ソニーグループ

グループ全体の成長に向けて多様な個を活かすため、取組を体系化している。事業特性や課題に応じて迅速に人事運営を行えるように人事責任を各社ＣＨＲＯに委任した上で、グループ経営の「求心力」としてパーパスを定義し、エンゲージメント向上への責任は経営陣報酬に反映している。

SOMPOホールディングス

社員を自律的なプロと捉え、会社主導の人事異動を実施しない運営へ移行している。ホールディングスの幹部職から全ポジションを公募制の対象とするなど、段階的かつ着実に変革を進めている。

また、個人と会社のパーパスを定期的な1on1で擦り合わせ、エンゲージメントの向上を丹念に進めている。

東京海上ホールディングス

多様な人材の連帯を人材戦略と捉え、社員共通の土台となるパーパスを浸透すべく、あらゆる階層、社員間でのコミュニケーションのため、まじめな話を気楽にする対話（「マジきら会」）を実施している。

日立製作所

社会イノベーション事業の成長に資する、最適な人財の確保・配置・育成を行うことを重視し、グループ・グローバル共通の人財データベース、リーダー開発・グレーディング・評価・教育に関する共通人財マネジメント基盤・制度を10年以上かけて段階的に拡充してきた。

丸井グループ

イノベーションの創出に向けた自律的な組織作りを推進するため、10年以上の期間をかけ、社員一人ひとりの自主性を促す「手挙げの文化」の醸成に取り組んできた。企業理念に関する対話をはじめ、公認プロジェクトや研修等への参加は、全て社員の自主性に基づく手挙げ方式に変更している。

三井化学

ビジネスモデル転換を伴う経営計画と連動し、人材戦略を体系的に明確化して、具体的な方策までを社外に開示している。

グローバル規模でエンゲージメント状況を把握し、明らかになった課題（社員の学習、経営陣との対話）に即時対応している。

三菱ケミカル

社員との対話・若手社員からの提案で、人事制度見直しを含む各種変革を実施した。役員及び主要連結子会社社長について、多様な国際性、ジェンダー、マルチキャリア（キャリア採用）の人材比率に関するＫＰＩを設定するなど、経営陣がダイバーシティ改革に責任を負っている。

LIXIL

多様な顧客層に製品・サービスを提供するため、「インクルージョン」を経営課題と認識し、CEOがD&I委員会の長を務め、D&I施策を推進している。

また、社員が起業家精神を持てるよう、社内公募制度や社外での副業制度を導入し、業務時間の20％を社内副業に充てる制度も試行している。

ロート製薬

会社と個人の双方が、Well-being の実現に向けて、共に成長することを目指して、社員の挑戦や自律的なキャリア形成を積極的に促している。

具体的には、社外複業や社内兼務、起業支援、オンラインを活用した学びのプラットフォーム等、選択肢を幅広く提示して全面的な支援を行っている。

人的資本開示好事例集の採用項目

また、2023年1月31日に「企業内容等の開示に関する内閣府令」等の改正が公布・施行され、上場企業は有価証券報告書等で人的資本含むサステナビリティ情報の開示が求められるようになりました。

それを受けて金融庁は、「記述情報の開示の好事例集2022」を公表しました。ここには19社の事例が記載されています。図表5-6に好事例企業19社の開示項目を示します。

この好事例集は、以下の5つの項目に着目して作成されています。

「経営」：サステナビリティ経営、マテリアリティに関する開示
「人材」：人的資本への投資、働き方に関する開示
「多様性」：女性活躍、ダイバーシティの推進に関する開示
「SDGs」：SDGsと事業との関連性に関する開示
「DX」：デジタルトランスフォーメーションに関する開示

好事例に取り上げられた19社のうち、双日、丸井グループ、オムロン、旭化成の4社

図表5-6 有価証券報告書等における サステナビリティ情報に関する開示例

好事例企業名	経営	人材	多様性	SDGs	DX
	好事例として注目した項目				
1 サンゲツ	●	●	●	●	
2 キッツ	●	●	●	●	
3 双日	●	●	●		●
4 丸井グループ	●	●	●		
5 カゴメ	●	●	●		
6 三井物産	●	●	●		
7 オムロン	●	●	●		
8 アンリツ	●	●	●		
9 村田製作所	●	●	●		
10 高島屋	●	●	●		
11 不二製油グループ本社	●	●	●		
12 J.フロントリテイリング	●		●		
13 豊田合成		●	●		
14 東急		●	●		
15 リコー		●	●		
16 帝人		●	●		
17 ひろぎんホールディングス		●	●		
18 旭化成		●			●
19 コスモエネルギーホールディングス	●				

出所：金融庁

は、「人的資本経営の実現に向けた検討会　報告書～人材版伊藤レポート２・０～　実践事例集」でも取り上げられています。

日本企業における人的資本開示　５つの具体例

経済産業省、金融庁、人的資本リーダーズ[6]で取り上げられた人的資本経営の先進企業は合計42社となりますが、42社の直前期、直前々期の業績を示します（なお、パナソニックインダストリーについてはパナソニックホールディングスの業績を示しています）。

人的資本経営の取り組みは中長期の業績に反映されるため、直近の業績に必ずしも反映されているわけではありませんが、人的資本経営の取り組みと企業の業績との関係性を常

6　一般社団法人ＨＲテクノロジーコンソーシアム、ＨＲ総研（ProFuture株式会社）、ＭＳ＆ＡＤインターリスク総研株式会社が共同で２０２２年10月７日～12月２日に実施した「人的資本調査２０２２」に回答した約５３０社の中から、人的資本経営への取り組みとその情報開示に優れた企業を「人的資本リーダーズ」として表彰するものです。

に意識しながら取り組むことが重要です。

本書では、これら42社の中から、公開情報をベースとした事例を5つ、紹介したいと思います。

【事例①：日立製作所】

日立製作所は2009年3月期に当期純損益で7873億円の赤字となり、創業以来最悪の結果となりました。

それを受けて2010年以降、経営戦略を「製品・システム事業」×「国内中心」から、「社会イノベーション事業」×「グローバル展開」へと大きく変革しました。人財戦略も経営戦略の変革に連動し、10年以上かけて変革を進めています。

「社会イノベーション事業の推進」×「更なるグローバル事業の拡大」という経営戦略から、人財戦略を以下のように示しています（中畑英信「経営戦略に連動した人財戦略の実行」日立製作所、2022年10月）。

求められる人財・組織（体制・文化）

- Diversity, Equity（ダイバーシティ、エクイティ）
現地マーケット（社会・顧客）を知る人財＝様々な国籍・性別等の多様な人財
- Inclusion, Location Free（インクルージョン、ロケーションフリー）
国・地域・事業体（ビジネスユニット／グループ会社）を超えて、One Team で業務遂行する組織体制
- Proactive, Growth Mindset（プロアクティブ、成長マインドセット）
社会・顧客の課題を的確に捉え、解決策を考えられるプロアクティブで自立した人財とその文化を持つ組織
- Agility（機敏）
事業環境の変化を捉え、新たな事業ポートフォリオへ速やかに適応できる組織・人財

これらの人財戦略を実行するために、２０１１年に人財マネジメント変革を始動し、これまで大きく３つのフェーズで以下の成果を出してきました。

１．グローバル人財マネジメント１・０

グローバル人財基盤の確立

人財データベースの導入

GLD（Global Leadership Development program：グローバルリーダー選抜育成）

HGG（Hitachi Global Grade：グレーディング）

GPM（Global Performance Management：評価）

Workday（人財プラットフォーム）

社員意識調査の実施など

2．グローバル人財マネジメント2・0

D&I（Diversity & Inclusion）やタレントの獲得等、人財施策の実行

役員層の多様化

女性管理職強化

経営／デジタル人財獲得など

3．グローバル人財マネジメント3・0

マインドセット、企業文化へのアプローチ

カルチャー浸透施策

PMI（Post Merger Integration）支援
ジョブ型人財マネジメント推進など

2022年4月には、経営会議の中に「人財戦略会議」を立ち上げ、人財戦略について経営会議として定常的に議論をする体制を整えました。人財戦略会議では、人財戦略の策定は勿論のこと、人財戦略における主要人的資本KPIの目標達成度合いや課題解決のアクション等について経営メンバーで議論をしています。

【事例②：双日】

双日は、価値創造できる人材を輩出し続ける人的資本経営を掲げ、「多様性と自律性を備える『個』の集団」を目指す姿とし、人材戦略の柱を以下の3つとしています（双日「統合報告書2022」2022年6月）。

・多様性を活かす

社員それぞれの多様な能力や特性を活かし、変化の激しい市場環境に対応しながら事業創造できる組織の力へと変えられるよう、リーダー・マネジメント層の教育や職場環境の整備などを進めていきます。

社員の多様なキャリアパス・働き方を促し、持続的な価値創造につなげていきます。

・挑戦を促す

変化が激しいこの時代に重要なことは、新たな視点によるユニークな発想を見出し、発想の実現に責任と覚悟を持つことと考え、とことんやり抜く追求心と自律心を持った社員の挑戦を促しています。

未来の飛躍に向けた成長を続けるために、既存のビジネスや固定観念の枠を超えて新たな価値を創造できる人材の育成に取り組んでいきます。

・成長を実感できる

失敗を恐れず挑戦することを応援する風通しの良い風土の中で、社員が積極的にチャレンジすることで「成長」を実感し、社員一人ひとりの「多様性」が育まれる好循環が生まれています。

熱意と能力ある若手には成長機会を与え、キャリアの早回し（10年でふた回り成長）を実践していきます。

これら3つの柱をベースに、以下の6つの人的資本KPIを設定して、人的資本経営を行っている。

1. **女性活躍：女性総合職海外・国内出向経験割合**

２０２３年度目標値40％に対し、２０２１年度実績は34％

2. **デジタル人材：デジタル基礎研修修了者（総合職全員）**

２０２３年度目標値１００％に対し、取り組みを開始

3. **外国人人材：海外グループCXO**

２０２５年度目標値50％に対し、２０２１年度実績は40％

4. **挑戦／成長実感：チャレンジ指数（設定したチャレンジ目標に対する上司評価）**

２０２３年度目標値70％に対し、２０２１年度実績は39％

5. 健康経営：二次検診受診率

2023年度目標値70％に対し、2020年度実績は20％、2021年度実績は49％

6. 育児休暇：育児休暇取得率

2023年度目標値100％に対し、2020年度実績は68％（男性は56％）、2021年度実績は87％（男性は83％）

【事例③：三井化学】

三井化学は2030年の組織としての〝ありたい姿〟に対し、優先課題・方策を見直し、新たに非財務KPI（戦略重要ポジション、ダイバーシティ、エンゲージメントスコア）を設定して人的資本経営を実践しています（三井化学「三井化学レポート2022」2022年6月）。

以下にそれぞれの優先課題に関する取り組みを記します。

- **優先課題①：多様性に富む経営者候補の戦略的獲得・育成・リテンション**

2030年のありたい姿として、「顧客・パートナーと協働し、社会課題に紐付く事業創出を実現する人材が、獲得・育成・リテンションできている」を掲げ、人的資本ＫＰＩとして、以下の項目を設定しています。

・戦略重要ポジション
後継者候補準備率２５０％
・ダイバーシティ
執行役員多様化人数10名以上（女性３名以上）、管理職女性比率15％

戦略重要ポジション後継者候補準備率の実績は、２０１９年度１９９％、２０２０年度２２６％、２０２１年度２３３％と、着実に２５０％の目標値に近づいています。

・優先課題②：自主・自律・協働の体現

２０３０年のありたい姿として、「人材のエンゲージメントを高め、組織の力に昇華させる企業文化に変革できている」を掲げ、人的資本ＫＰＩとして、以下の項目を設定しています。

・エンゲージメントスコア
グループ&グローバルで50%

エンゲージメントスコアは2018年度31%、2019年度34%、2020年度40%、2021年度50%と、年々向上しています。

なお、エンゲージメント要因として、強みを持つ3領域は、「法令・社則遵守（61%）」「安全（51%）」「権限委譲・自律性（42%）」となっており、一方で課題のある3領域は、「報酬と認知（25%）」「キャリア機会（22%）」「人材活用と配置（19%）」という結果となっています。

・基盤となる課題③：健康重視経営

2030年のありたい姿として、「当社グループの『人事ガバナンス』を整え、人的資本価値を社内外に発信できている」を掲げM&A等に対応する人事ガバナンスの高度化やグループ統合型人材プラットフォームの構築などに取り組んでいます。

これについても、KPIとその目標として「生活習慣病平均有所見率8・0％以下」「メンタル不調休業強度率0・25以下」と設定しています。

【事例④：オムロン】

オムロンは、2022年3月に、2030年のありたい姿を描いた新長期ビジョン「Shaping the Future 2030（SF2030）」を発表し、2022年4月より最初の中期経営計画「SF 1st Stage」をスタートさせました。

SF2030におけるサステナビリティ重要課題として、以下の5つを設定しました（オムロン「統合レポート2022」2022年8月）。

1．事業を通じた社会的課題の解決

事業を通じた社会的課題の解決により、社会価値を創出するとともにオムロンの持続的な成長を牽引する

2．ソーシャルニーズ創造力の最大化

オムロンの持続的成長のために競争力となるビジネスモデルの進化と新たな事業創出の

取り組みの拡大

3．価値創造にチャレンジする多様な人財づくり

オムロンの持続的成長の源泉となるオムロンで働く多様な人財の能力やスキルを引き出す人財マネジメントの進化

4．脱炭素・環境負荷低減の実現

気候変動を「機会」と「リスク」の二側面で捉えた企業としての社会的責任の実践と更なる競争優位性の構築

5．バリューチェーンにおける人権の尊重

企業の社会的責任として、自社のみならずバリューチェーンで働く人々の人権の尊重に対する影響力の発揮

ＳＦ２０３０の人財戦略ビジョンを「会社と社員が、〝よりよい社会をつくる〟という企業理念に共鳴し、常に選び合い、ともに成長し続ける」として、２０２４年度の目標として人的創造性が２０２１年度比で７％向上としました。

オムロンでは、人的創造性は以下の計算式で求めています。

人的創造性＝付加価値÷人件費

２０１８年度から２０２１年度の３年間では、付加価値成長は１０２％、人件費伸び率は１００％で、人的創造性は１０２％でした。

SF 1st Stage では、付加価値成長の目標を１２２％、人件費伸び率の目標を１１５％として、人的創造性１０７％を達成することを目標としています。そのために60億円の人財開発投資を行っています。

さらに、付加価値の成長を実現する主な因子（＝ＫＰＩ）を以下の３つとして、これらを高める取組みを行っています。

「ヘッドカウント（総人数・配置）」
×「ケイパビリティ（能力の獲得・強化）」
×「モチベーション＆エンゲージメント（保有能力の発揮）」

ヘッドカウントの因子においては、事業戦略を実行するために必要十分な人財を確保し、事業戦略上の優先順位に即して配置するとしています。

ケイパビリティの因子においては、事業戦略を実行するために必要な能力の獲得、強化のための育成プログラムを準備し、社内外、国内外を問わず、様々な経験の場を提供するとしています。

モチベーション&エンゲージメントの因子においては、社員個々人がもつ多様で多才な個性や能力を思う存分発揮できる環境をつくるとしています。

【事例⑤:丸井グループ】

丸井グループは人的資本経営に特化した投資家プレゼンテーションを行っており(青井浩「丸井グループの人的資本経営」丸井グループ、2023年6月)、経営の根幹として人的資本経営を重視しています。

丸井グループは、「人の成長=企業の成長」という理念に基づき、2005年以来、一貫して企業文化の変革に取り組んできました。

企業文化は、「強制から自主性へ」「やらされ感から楽しさへ」「上意下達から支援へ」

「本業と社会貢献から本業を通じた社会課題の解決へ」「業績の向上から価値の向上へ」と変革を進めています。

企業文化の変革に向けての施策として、以下の8つを、KPIを設定して同時進行で進めています。

1. 企業理念
2. 対話の文化
3. 働き方改革
4. 多様性の推進
5. 手挙げの文化
6. グループ間職種変更異動
7. パフォーマンスとバリューの二軸評価
8. Well-being

丸井グループでは人的資本投資に対するリターンを定量化しています。図表5-7に2

図表5-7 丸井グループの人的資本投資の定義

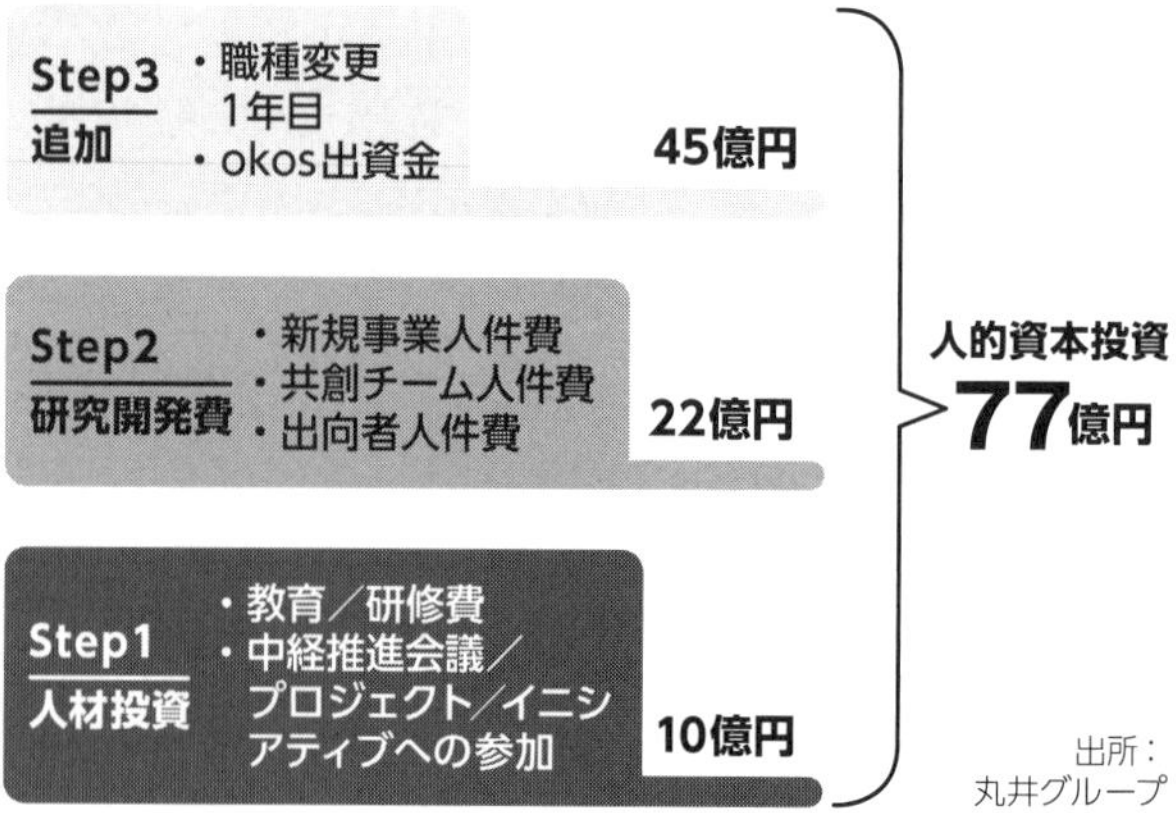

図表5-8 丸井グループの人的資本投資の効果

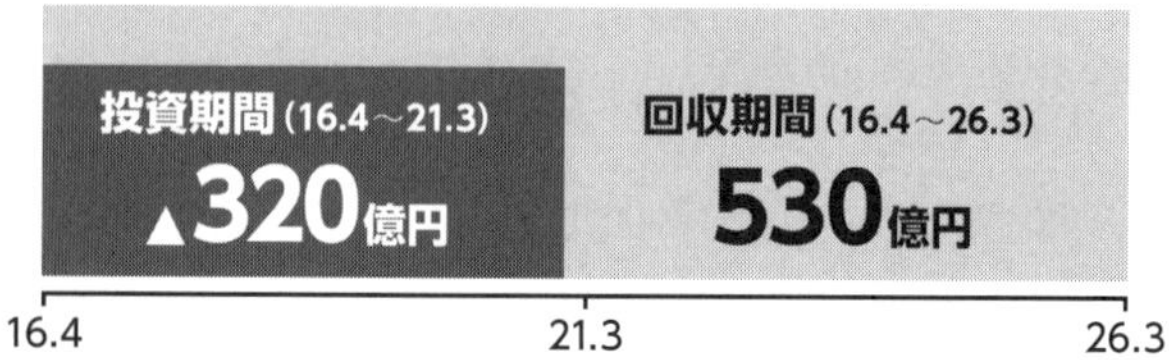

（億円）

	17.3	18.3	19.3	20.3	21.3	22.3	23.3	24.3	25.3	26.3
投資額	41	54	81	85	63	–	–	–	–	–
収入	1	4	15	26	34	47	68	86	111	138

IRR 11.7%

出所：丸井グループ

０２２年３月期に再定義した丸井グループの人的資本投資の定義を示します。２０２２年３月期は人材投資に10億円、研究開発費に22億円、追加投資として45億円の合計77億円の人的資本投資を行いました。

この人的資本投資によって生み出される事業・サービスから創出された収入・限界利益をリターンとし、投資効率を測定しています。図表５－８にＩＲＲ（Internal Rate of Return：内部収益率）によるリターンの考え方を示します。現状の計画通り進んだとした場合、ＩＲＲは11・７％となり、株主資本コストを上回る予定です。

おわりに

本書は人的資本経営の入門書ということで、基本的な事柄について、可能な限り網羅的に書いてみました。

本書の中で、人的資本経営とは「企業は人なり」であると何度も述べましたが、改めて考えると、「企業は人なり」といわれ始めた時代と異なる点がいくつかあります。

まず一つ目は、産業構造の変化により、これから日本企業が伸ばすべきビジネスがより「プロフェッショナル型」に変わるということ。

「企業は人なり」といわれ始めた時代には、日本企業は量産型製造業に力を入れていたため、技術開発や発明をする個人等のプロフェッショナル性は求められたものの、製造現場では、良い品質のものを全ての人が同じように作れることが求められました。

つまり、個々人を意識するのではなく、金太郎アメの人材マネジメントであり、日本企業は非常に質の高い金太郎アメを作るのが得意でした。

しかしソフトウェアのような、コピーができて、同じものを大量に作る必要のないビジネスでは、プロフェッショナル型の従業員がどの程度育っているかが勝敗を分けます。したがって、以前よりももっと従業員一人ひとりに目を向ける必要が出てきます。「モノづくり」から「コトづくり」へとビジネスをシフトさせようとしている日本の製造企業は多いと思われますが、コトづくりビジネスでは、従業員個々人のプロフェッショナル性がより求められるようになります。

二つ目は、産業構造の変化とも連動しますが、第四次産業革命によるデータやデジタルといったテクノロジーの進化です。

これらのテクノロジーの活用により、勘と経験から脱却してデータを活用したより体系的な人材マネジメントができるようになってきました。勿論、人間科学はいまだ発展途上であり、勘や経験を活用する余地はまだまだありますが、少なくとも、データが活用できる領域ではより体系的な人材マネジメントができるようになりました。

それに伴い、資本市場や労働市場から求められる人的資本開示においても、データを多用することが可能となりました。

三つ目は、ＳＤＧｓという世界共通の目標に向けて、すべての企業がビジネスを推進するようになったことにより、差別の禁止や人権尊重が必須になってきたことです。

ビジネスの基本は「コストを下げて売上を上げることで利益を大きくすること」といわれ続けていて、サプライヤーに支払うコストや人件費などを下げることによって利益を大きくするという経営をしてきた企業は実際のところ多い。

しかしＳＤＧｓの広がりによって、サプライヤーや従業員にも適正な支払いをすることが求められるようになり、コストも上げて売上も上げることによって利益を大きくするという、よく考えれば難しい経営をすることが必要になってきました。

これを海外では「ステークホルダー資本主義」といい、日本では「新しい資本主義」といい、自社に関わる全ての人達が幸せになる経営がこれからの経営のスタンダードとなっていきます。

人的資本経営は、企業に関わる人達の活躍や成長を促進するものですが、これが社会や世の中全てに広がると、ＳＤＧｓの目標達成に向かうことにもなります。

時代の変化とともに異なる点はあるものの、本質的には、人的資本経営は、松下幸之助が言い出したといわれている「企業は人なり」を実践することに変わりはなく、その原点に立ち返ることが重要であるように思われます。その意味で、人的資本経営は、人材マネジメントのルネサンスといってもいいのではないでしょうか。

本書の出版に当たっては、株式会社ＰＨＰ研究所の宮脇崇広さんに大変お世話になりました。筆者は人的資本経営の講演のたびに、「企業は人なりに立ち返れ」とメッセージを発信しているので、松下幸之助が創設したＰＨＰ研究所から本書を出版することはとても縁を感じています。

人的資本経営に真剣に取り組む企業の増加に伴い、もっと良い事例が今後たくさん出てくると思います。この入門書も今後、アップデートを繰り返す必要が出てくるかもしれませんが、まずは第一弾としてまとめてみました。

本書が、少しでも読者の皆さんのお役に立てば幸甚です。

２０２３年11月

岩本　隆

参考文献・資料

日本語文献・資料

・青井浩「丸井グループの人的資本経営」丸井グループ（２０２３年６月）
・小川鉱一「プロダクト・イノベーションからビジネス・イノベーションへ」IAM Discussion Paper Series #001（２００８年12月）
・オムロン「統合レポート２０２２」（２０２２年８月）
・環境省自然環境局「ネイチャーポジティブ経済の実現に向けて」環境省（２０２３年３月）
・金融庁「『企業内容等の開示に関する内閣府令』等の改正案に対するパブリックコメントの結果等について」金融庁（２０２３年１月）
・金融庁「記述情報の開示の好事例集２０２２」（２０２３年１月）
・慶應義塾大学大学院システムデザイン・マネジメント研究科「『HR Technology Symposium』開催」（２０１５年５月）
・経済財政諮問会議「経済財政運営と改革の基本方針２０２３」内閣府（２０２３年６月）
・経済産業省「伊藤レポート３・０（ＳＸ版伊藤レポート）」（２０２２年８月）
・経済産業省「持続的な企業価値の向上と人的資本に関する研究会　報告書～人材版伊藤レポート～」（２０２０年９月）
・経済産業省「人的資本経営の実現に向けた検討会　報告書～人材版伊藤レポート２・０～　実践事例集」（２０２２年５月）

・ＧＰＩＦ「ＧＰＩＦの国内株式運用機関が選ぶ『優れた統合報告書』と『改善度の高い統合報告書』」（２０２３年２月）
・双日「統合報告書２０２２」（２０２２年６月）
・高橋史弥「２０２３年世界時価総額ランキング。世界経済における日本の存在感はどう変わった？」フォースタートアップス（２０２３年３月）
・内閣官房非財務情報可視化研究会「人的資本可視化指針」内閣官房（２０２２年８月）
・中畑英信「経営戦略に連動した人財戦略の実行」日立製作所（２０２２年10月）
・日本経済団体連合会「Society5.0―ともに創造する未来―」（２０１８年11月）
・ニューノーマルな働き方協創コミュニティ「ニューノーマルな働き方協創コミュニティレポート」日立製作所（２０２２年５月）
・松下幸之助『事業は人なり』ＰＨＰ研究所（２０１５年３月）
・三井化学「三井化学レポート２０２２」（２０２２年６月）

英語文献

・Deutsche Bank, “Human Capital Report 2022,” Deutsche Bank, March 2023.
・Ezra F. Vogel, *Japan as Number One: Lessons for America*, Harvard University Press, May 1979.
・Jac Fitz-Enz, *The ROI of Human Capital*, Amacom Books, May 2000.
・Tom Rath and Jim Harter, *The Five Essential Elements of Well-Being*, Gallup Press, May 2010.
・The United Nations, “Principles for Responsible Investment,” ,April 2006.

PHP
Business Shinsho

岩本　隆（いわもと・たかし）

東京大学工学部金属工学科卒業。カリフォルニア大学ロサンゼルス校（UCLA）大学院工学・応用科学研究科材料学・材料工学専攻Ph.D.。

日本モトローラ株式会社、日本ルーセント・テクノロジー株式会社、ノキア・ジャパン株式会社、株式会社ドリームインキュベータを経て、2012年6月より2022年3月まで慶應義塾大学大学院経営管理研究科（KBS）特任教授。KBSでは産学連携による「産業プロデュース論」「ビジネスプロデュース論」などの研究を実施。

2018年9月より2023年3月まで山形大学学術研究院産学連携教授。山形大学では文部科学省地域イノベーション・エコシステム形成プログラムの事業プロデューサーとして山形地域の事業プロデュースを統括。2023年4月より山形大学学術研究院客員教授。

2022年12月より慶應義塾大学大学院政策・メディア研究科特任教授。慶應義塾大学大学院政策・メディア研究科では「SFC地域イノベーション共同研究」に従事。

（PHPビジネス新書 467）
人的資本経営　まるわかり

2023年12月28日　第1版第1刷発行

著　　者　岩本　隆
発 行 者　永田貴之
発 行 所　株式会社PHP研究所
東京本部　〒135-8137　江東区豊洲5-6-52
ビジネス・教養出版部　☎03-3520-9619（編集）
普及部　☎03-3520-9630（販売）
京都本部　〒601-8411　京都市南区西九条北ノ内町11
PHP INTERFACE　https://www.php.co.jp/
装　　幀　齋藤　稔（株式会社ジーラム）
組　　版　アイムデザイン株式会社
印 刷 所　株式会社光邦
製 本 所　東京美術紙工協業組合

ISBN 978-4-569-85614-8

「ＰＨＰビジネス新書」発刊にあたって

わからないことがあったら「インターネット」で何でも一発で調べられる時代。本という形でビジネスの知識を提供することに何の意味があるのか……その一つの答えとして「**血の通った実務書**」というコンセプトを提案させていただくのが本シリーズです。

経営知識やスキルといった、誰が語っても同じに思えるものでも、ビジネス界の第一線で活躍する人の語る言葉には、独特の迫力があります。そんな、「**現場を知る人が本音で語る**」知識を、ビジネスのあらゆる分野においてご提供していきたいと思っております。

本シリーズのシンボルマークは、理屈よりも実用性を重んじた古代ローマ人のイメージです。彼らが残した知識のように、本書の内容が永きにわたって皆様のビジネスのお役に立ち続けることを願っております。

二〇〇六年四月

ＰＨＰ研究所

PHPビジネス新書

1冊でわかるGX

グリーントランスフォーメーション

内山 力 著

これからは、環境保護とビジネスを両立させられる企業だけが生き残る。その概要からビジネスへの活用まで、最初に読みたいGX入門。